일 러 스 트 로 보 는

조선의 무비

군사복식편

일러스트로 보는 조선의 무비 - 군사복식 편

2024년 3월 4일 초판 1쇄 발행
2024년 8월 15일 초판 2쇄 발행

저자	금수(최민준)
이메일	allalaallala@naver.com
블로그	blog.naver.com/allalaallala
텀블벅	tumblbug.com/u/gum_su
SNS	엑스 twitter.com/gum_su_
	인스타그램 instagram.com/gum_su_

편집	이열치매
디자인	김애린, 김예은
마케팅	이수빈
발행인	원종우
발행	㈜블루픽
주소	(13814)경기도 과천시 뒷골로 26, 2층
전화	02-6447-9000
팩스	02-6447-9009
이메일	edit@bluepic.kr
웹	bluepic.kr

ISBN	979-11-6769-297-9 04910
정가	23,000원

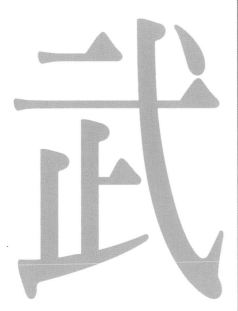

일러스트로 보는

조선의
무비

군사복식편

글·그림
금수

1392
개국

1897
칭제

길찾기

조선의 무비

武備

작가의 말

안녕하세요, 『조선의 무비 - 군사복식편』의 작가 금수입니다.
이 책은 약 1년여의 준비를 거쳐 2023년 크라우드 펀딩을 통해 처음 선보였고, 큰 호응과 함께 성공적으로 프로젝트를 마감할 수 있었습니다. 그리고 그 후로도 많은 분께서 관심과 성원을 보내 주셔서 이렇게 정식 출간까지 진행하게 되었습니다. 이 지면을 빌어 다시 한번 『조선의 무비 - 군사복식편』을 응원해 주시고 기대해 주신 수많은 후원자, 독자분들께 감사드립니다.

또 이 책을 준비하는 과정에서 저의 질문에 일일이 답해 주시고 자료를 제공해 주신 안동대학교 이은주 교수님과 오례지기 권병훈 님, 오로라 김기윤 님, 초초혼 윤형찬 님께 감사드립니다. 경운박물관, 국립고궁박물관, 서울역사박물관 등 군사복식과 관계된 전시를 개최했던 여러 박물관과, 이 분야의 연구 논문을 내신 많은 연구자분께도 존경의 마음을 담아 감사의 말씀을 전합니다.

『조선의 무비』는 조선의 武備, 즉 조선의 군사적인 대비에 대해 살펴보고자 합니다. 그리고 그 시작을 여는 『군사복식편』으로 조선의 군사 복식 고증에 관심있는 애호가 분들이나 창작자 분들이 그 대강을 살펴볼 수 있었으면 하는 바람입니다. 또 시각자료가 워낙 부족하고 원하는 정보를 찾기도 쉽지 않은 분야다 보니, 자료에 대한 갈증을 조금이나마 해소할 수 있도록 최대한 많은 일러스트를 그리고 쉬운 분류 체계로 소개하려고 애썼습니다.

한편, 저는 군사사나 복식사에 관심이 많은 사람이긴 해도, 분명 이 분야의 전공자는 아닙니다. 근거가 되는 선행 연구나 사료들을 적지 않게 참고했지만, 제가 임의로 추정하여 넣은 부분들도 다수 있는 만큼, 이 책의 글, 그림을 인용 및 출처를 표기하고자 하실 때는 제가 인용한 사료나, 논문, 유물 등을 위주로 해 주시기를 부탁드립니다.

부디 이 책이 많은 분에게 도움이 되기를 바라며

금수 올림.

목차 目次

5장 관복의 변천

6장 기타 복장

7장 장신구 등

8장 부록

일러두기

1. 인용한 사료 중 번역문이 없는 자료는 필자가 임의로 해석하였으며, 번역문도 복식 해석이 부족한 부분은 다시 해석한 부분이 있습니다.
2. 유물 삽화는 원본을 참고하되 다른 자료들을 취합하여 온전한 모습을 추정 복원하였으므로, 원본과 다른 부분이 있을 수 있습니다.
3. 본문에서 서적은 『 』, 그림 및 작품은 「 」으로 표기하였습니다.

01

바지
저고리의
변천

바지저고리의 구성

조선시대 남성 복식의 가장 기본적인 복식이라 할 수 있는 바지저고리는 일반 남성이 바깥에 나갈 때 겉옷으로써 입기도 하였고, 융복이나 군복 등 군사복식의 받침옷으로써 입기도 하였습니다. 바지저고리는 적삼, 한삼, 저고리와 바지로 구성되어 있습니다.

감투(소모자)

감투

감투는 소모자와 탕건 등 머리쓰개의 통칭입니다. 갓을 쓸 때 흔들리지 않도록 받쳐 쓰거나 최소한의 예를 갖추기 위하여, 추위를 막기 위하여 등의 다양한 목적으로 사용하였습니다.

적삼

한삼

저고리(과두)

적삼과 한삼

적삼赤衫과 한삼汗衫은 속옷 상의로써, 적삼은 소매가 짧은 것이고 한삼은 소매가 길어 손을 가리는 것입니다.
적삼이 일반적으로 사용되었고, 한삼은 궁중이나 사대부를 중심으로 사용하였습니다.

저고리

저고리赤古里(유襦)는 한복 상의의 통칭이기도 하나 좁게는 적삼이나 한삼 위에 입는 상의를 말합니다.
조선 초기~17세기까지는 과두裹肚라 부르는 100cm 내외의 긴 저고리를 사용하였지만, 조선 후기에는 우리가 아는 적삼과 비슷한 길이의 저고리가 사용되었습니다.
조선 후기에는 저고리 대신 적삼 위에 바로 소창의나 두루마기를 입기도 하였습니다.

속곳형 바지와 사폭 바지

조선 초기~17세기까지는 남자와 여자의 바지에 차이가 없어 허리선에 주름이 잡히고 통이 넓은 속곳형 바지가 사용되었습니다.
17세기부터는 명나라 바지의 영향을 받아 통이 좁은 사폭바지가 사용되었습니다.

속곳형 바지

사폭바지

버선

머리모양

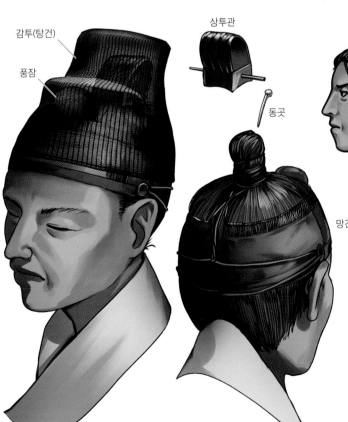

백회 친 머리

상투

땋은머리

둘레머리

묶음머리

환계

쌍동계

감투(탕건)

풍잠

상투관

동곳

망건

조선시대 일반적인 성인 남성은 머리카락을 머리 위에서 틀어 감아 세우는 머리모양인 상투(髻)를 하였습니다.

머리숱이 많은 사람은 상투 아래, 정수리 부분의 머리를 깎아 상투를 잘 틀 수 있게 하였는데, 이를 백회百會친다고 하였습니다.

관례나 혼인을 하기 전의 남성은 머리모양이 다양하였는데, 땋은머리, 묶음머리, 환계環髻, 쌍동계雙童髻 등이 있었습니다.

땋은머리의 경우 조선 초기부터 후기까지 미혼남녀의 머리모양으로 많이 사용되었습니다. 긴 머리가 노동에 방해될 경우 때때로 둘레머리를 하였는데, 김홍도의 「벼타작」 등 풍속화나 개항기 일부 육체노동자의 사진에서 머리를 둘레머리와 같이 둘러놓은 모습을 볼 수 있습니다.

묶음머리는 조선 초기까지 사용된 것으로 보이는데, 고려 때부터 사용되었던 오래된 머리모양입니다. 『고려도경(1123)』에서 고려의 남자아이는 머리를 검은 비단으로 묶고 그 나머지는 풀어서 늘어뜨린다고 전하였고, 변수(1447~1524) 묘 출토 목우 중에 묶은 머리에 갓을 쓴 목우를 확인할 수 있습니다.

환계는 뒤통수에서 상투를 틀고 끈으로 묶어 고정한 모양인데, 박익 묘 벽화(1420)의 마부나, 조영석의 「현이도」, 강희언의 「석공공석도」에서 소년과 석공이 환계를 한 것을 볼 수 있습니다.

양쪽에서 상투를 튼 것은 쌍동계라 하는데, 조선 후기 왕세자나 의례를 중시하는 집안에서 사용하였습니다.

상투머리의 부속품

격식을 차려야 하는 양반들은 상투를 틀고 동곳으로 고정한 후 상투관을 쓰고, 망건을 써 머리를 정리하고 그 위에 감투, 갓이나 다른 모자를 쓰는 것이 일반적이었습니다. 그러나 시골의 농민과 같은 평범한 사람은 그저 상투만을 틀고 그 위에 모자를 쓰거나 이마에 좁은 천을 묶어 망건을 대신하는 경우도 많았습니다.

동곳

동곳은 상투가 풀어지는 것을 막기 위하여 상투 상단에 꽂는 장신구로써, 나무로 된 것부터 비취, 산호 등 보석으로 된 것까지 다양한 종류가 있었습니다. 보통 상투 정수리에 수직으로 꽂아 사용하여 머리 부분만 약간 보였습니다.

상투관

상투관은 상투 위에 착용하는 관으로, 양반층에서 맨상투를 가리기 위하여 사용되었습니다. 일반적으로 상투에 동곳을 꽂아 고정하였습니다.
상투관의 형태는 각종 관모의 형태를 축소한 모양인데, 다양한 모양의 상투관이 사용되었습니다. 갓의 크기가 작아지는 조선 후기의 상투관은 갓을 고정하기 위한 날개풍잠이 달리기도 하였습니다.

각종 동곳

날개풍잠

이화여자대학교 담인복식미술관 소장 상투관

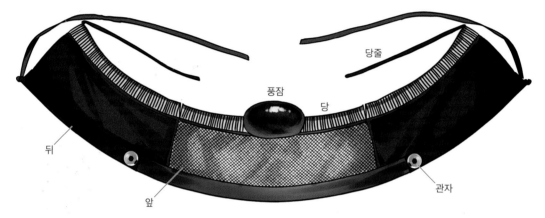

당줄

풍잠

당

뒤

앞

관자

망건

망건網巾은 상투를 튼 머리를 정돈하며 흐트러지지 않도록 하는 머리띠의 일종입니다. 본래 검은 말총이나 명주실로 짜 만드는데, 농민이나 하류층에서는 천 머리띠를 두르는 것으로 대용하기도 하였습니다.
망건의 구조는 상부의 '당'과 하부의 '편자', 그 사이 그물처럼 짠 이마 부분의 '앞'과 뒤통수 부분의 '뒤'가 있습니다. 망건을 쓸 때는 당에 당줄을 꿰어 상투 하단에 묶고, 편자 뒤에 달린 당줄은 귀 뒤쪽 부분의 고리인 '관자'에 꿰고 뒤통수에서 엇갈려 맨 후에 상투에 가져다가 묶어 착용하였습니다.*

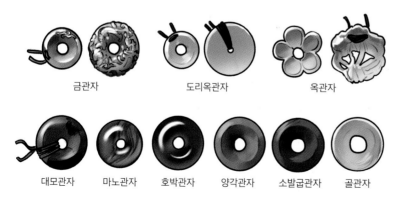

금관자   도리옥관자   옥관자

대모관자   마노관자   호박관자   양각관자   소발굽관자   골관자

관자의 종류

관자貫子(권자圈子)는 망건을 쓰기 위해 필요한 부속으로 당줄을 관자에 끼워 망건을 조이는 데 사용하였습니다. 당상관은 금, 옥으로 된 것을 사용했고, 이하 당하관과 서민은 대모나 호박, 뿔 등으로 된 관자를 사용하였습니다.
조선 초기 『경국대전』에서는 당상관은 금, 옥관자를 사용한다 규정하였으며, 명나라 사신 동월의 『조선부(1488)』에서는 1품은 옥환, 2품은 금환, 3품 이하는 은환을 쓴다고 하였습니다.
조선 후기의 『오주연문장전산고』에서는 1품은 단순한 고리 형태의 도리옥관자(만옥권)를 하였고 2품은 견우화, 매화, 고화가 조각된 금관자, 정3품은 견우화, 매화, 잡조화, 속호가 조각된 옥관자, 당하 3품 이하는 대모, 양각, 소발굽으로 된 작은 관자를 사용한다고 하였습니다. 그 외에도 호사하는 자는 호박이나 명박관자를 쓴다고 하였습니다.**

*김진경(2014), 출토 유물을 통해본 조선시대 소모자와 망건, 서울여자대학교 대학원 석사학위논문
**장숙환(2010), 조선시대 男子의 首飾연구(Ⅱ) - 風簪과 貫子를 중심으로, 한국의상디자인학회지 Vol.12 No.2

풍잠

풍잠風簪은 조선 후기 갓의 크기가 작아지며 갓이 쉽게 젖혀지는
것을 막기 위해 만든 머리에 꽂는 비녀입니다. 대개 상류층에서는
호박, 대모, 수정, 백옥 등을 사용하였고, 서민은 우각, 목칠, 유리,
나무로 된 풍잠을 사용하였습니다.
일반적으로 반달형으로 생겨 망건에 다는 반달형 풍잠이 사용되
었으나, 빗살이 달린 빗풍잠, 상투관에 달리는 날개풍잠도 존재
하였습니다.*

이화여자대학교 담인복식미술관 소장 풍잠

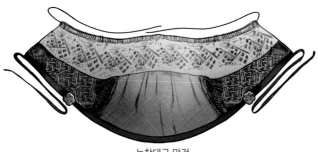

능창대군 망건

최경선 망건

이익정 망건

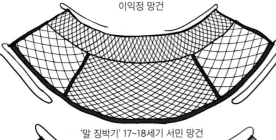

'말 징박기' 17~18세기 서민 망건

민속박물관 소장 19세기 망건

망건의 변천

초기의 망건

능창대군(1599~1615) 묘 출토 망건은 초기 형태의 망
건으로 추정되며, 앞이 넓어 이마 전체를 덮도록 만들
어 졌습니다. 능창대군의 망건은 당의 실 색을 달리하
여 구분을 준 것이 특징입니다.

17~18세기의 망건

최경선(1561~1622), 이익정(1699~1782) 묘 출토 망건
은 보다 후대인 17~18세기의 망건으로 추정됩니다. 망
건의 당 부분은 여전히 넓으나 앞은 일직선으로 만들어
져 직사각형에 가까워졌습니다.
최경선의 망건은 당줄에 검은 구슬 3개가 달려 있는데,
당줄을 고정하면서 머리털을 풍성하게 하는 용도로 사
용되기도 한 것 같습니다.
조영석의 「말 징박기」에서는 18세기 서민층의 망건을
볼 수 있습니다. 양반의 것인 출토유물에 비해 전체적
으로 성글게 짜여졌으나 앞 부분은 비교적 촘촘히 짜여
있고, 뒤는 더 성글게 짜여졌습니다.**

19세기의 망건

대중에게 가장 친숙한 형태의 망건으로 19세기경 사용
된 망건입니다. 짜임 방식과 구조는 같으나 당의 너비
가 줄어들어 머리띠 형태로 변하여 머리를 다 덮지 못
하게 되었습니다. 망건앞 상단에 풍잠이 달리기도 하며
여러 유물이 남아 있습니다.

*장숙환(2014), 전통 남자 장신구, 대원사
**김진경(2014), 출토 유물을 통해본 조선시대 소모자와 망건,
서울여자대학교 대학원 석사학위논문

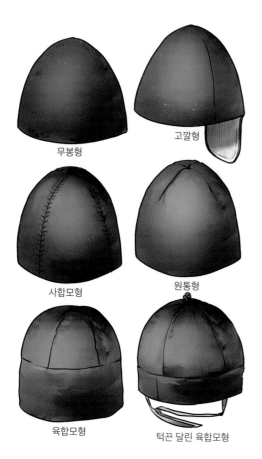

무봉형

고깔형

사합모형

원통형

육합모형

턱끈 달린 육합모형

감투

감투는 챙이 없는 모자를 통칭하는 것으로 평상시 그대로 쓰기도 하였고, 주로 갓 아래 받쳐 썼던 간단한 모자입니다.

소모자

소모자小帽子는 조선 초기~17세기까지 주로 사용되었던 감투로, 머리를 싸는 반원형의 단순한 형태입니다.

소모자의 형태는 봉제선이 없는 무봉형, 앞뒤 두 장을 이어 만든 고깔형, 원통형으로 만든 후 상단에서 십자로 꿰맨 원통형, 4조각을 이은 사합모형, 6조각을 잇고 아래 윤대를 두른 육합모형이 있습니다. 실제 유물 중 대부분이 육합모형의 소모자입니다.*

또한 1486년경에는 말총으로 만든 종립과 종모가 유행했는데, 종모의 경우 1품관만이 사용할 수 있었습니다. 이 종모의 형태도 소모자와 비슷하였을 것으로 보입니다.

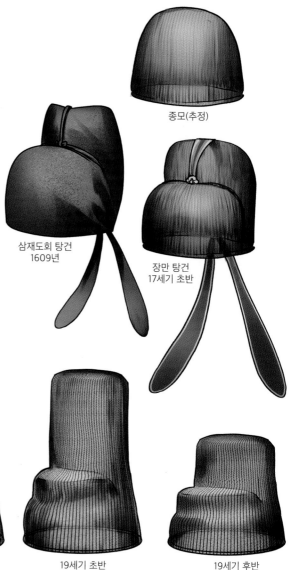

종모(추정)

삼재도회 탕건
1609년

장만 탕건
17세기 초반

탕건

탕건은 감투의 일종으로, 당나라의 복두와 유사한 형태에 말총으로 엮은 모자입니다. 명나라 왕기의 『삼재도회三才圖會(1609)』의 삽화를 보면 본래 탕건은 당건唐巾이라 불렀으며, 뒤에 두 띠가 내려오고 천으로 만들어졌을 것으로 보입니다.

17세기 초반 장만의 유복본 초상에서는 말총으로 된 당건이 확인됩니다.

18세기 초반 조영석의 「현이도」에서는 탕건의 뿔이 사라진 것을 볼 수 있습니다. 이때를 전후하여 갓이나 관 아래 탕건을 받쳐 쓰게 된 것으로 보입니다.

18세기 후반엔 풍잠이 들어갈 공간이 생기고 갓을 따라 높이도 높아지다가 19세기 후반에는 다시 낮아지는 등 형태에 변화가 있기도 했습니다.

18세기 초반

18세기 후반

19세기 초반

19세기 후반

복건

복건幅巾은 본래 유학자들이 심의 차림에 착용하는 쓰개입니다. 조선 후기에는 갓 아래 받쳐 쓰는 쓰개로도 사용되었습니다.
단원 김홍도 필 「호귀응렵도(1795)」나 「행려풍속도」 등을 보면, 매 사냥 등 활동적인 행동이나 먼 길을 갈 적에 갓 아래 복건을 착용하는 것을 볼 수 있습니다.

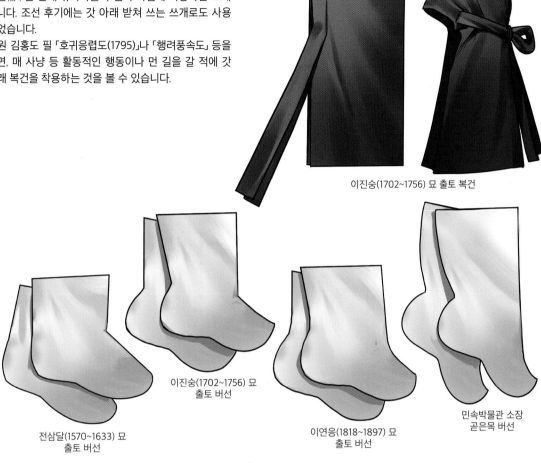

이진숭(1702~1756) 묘 출토 복건

전삼달(1570~1633) 묘
출토 버선

이진숭(1702~1756) 묘
출토 버선

이연응(1818~1897) 묘
출토 버선

민속박물관 소장
곧은목 버선

버선

버선(말襪)은 오늘날의 양말로, 추위나 외상 등으로부터 발을 보호하기 위해 착용합니다.
조선 초기~18세기의 버선은 신코가 뾰족한 것도 있으나 둥글게 처리한 것도 있으며, 발등이 각이 져 있는 모양입니다.
19세기에는 발등의 재봉이 곡선형인 버선이 사용되며, 까치발 모양인 곧은목 버선도 사용되는데 목이 넓어 발목이 편안하며 입었을 때는 발등에 주름이 더 잡힙니다.

정

정精은 화 안에 신는 덧버선으로, 바지 위에 입어 바짓단을 정리하고, 발 부분을 두껍게 하여 완충 작용을 하면서 신이 잘 빠지지 않도록 하는 역할을 합니다. 조선 초기부터 후기까지 형태상에 큰 차이는 없었던 것으로 보입니다.

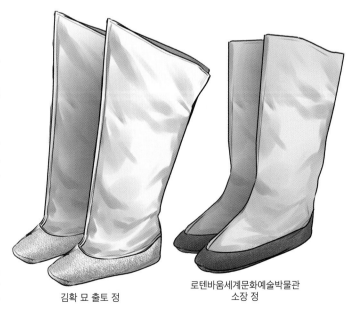

김확 묘 출토 정

로텐바움세계문화예술박물관
소장 정

*김진경(2014), 출토 유물을 통해본 조선시대 소모자와 망건,
서울여자대학교 대학원 석사학위논문

행전

행전行纏은 바짓단을 정리하여 걷기 편하게 하기 위해 매는 것으로 행등行縢이라고도 합니다. 행전에는 제비행전과 통행전이 있는데, 제비행전은 행전 아래에 발 바닥에 걸리는 고리가 나와있는 것이고, 통행전은 고리가 없는 일반적인 행전입니다. 일반적으로 제비행전보다 통행전이 더 상층 계급의 행전으로 여겨집니다.

대님과 각반

대님은 바짓단을 정리하기 위해 발목에 묶는 끈으로 가장 간단한 형태의 바짓단 정리 방식입니다. 각반脚絆은 바짓단을 정리하기 위해 발목에서 무릎까지 감아매는 넓고 길쭉한 천으로 조선 초기 「삼강행실도」의 삽화에서 하인, 나장 등 낮은 계층의 사람들이 사용하는 것으로 묘사되고 조선 후기에는 거의 사용되지 않습니다.

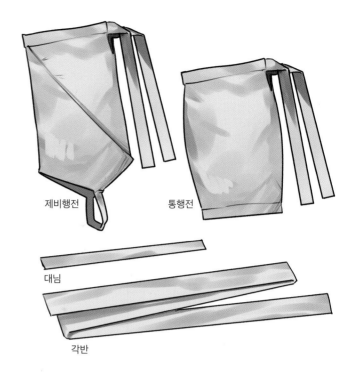

제비행전   통행전

대님

각반

신발의 변천

조선 초기의 화

화靴는 신목이 긴 신을 의미하는데, 말을 타는 등 활동을 할 때 편리해 관복 차림과 융복 차림 등 양반층을 중심으로 널리 통용되었습니다. 조선 초 『경국대전(1468)』에서 당상관은 상복 차림에 협금화를 사용한다고 하였는데, 「태조어진」에서 재봉선에 금 실과 붉은 실을 엇갈려 사용한 협금화의 모습을 확인할 수 있습니다. 주로 검은색 가죽으로 만든 흑피화와 백색 가죽의 백피화가 사용되었는데, 흑피화는 시복 차림에, 백피화는 상복 차림에 사용하였습니다.

신숙주 초상(1455)
백피협금화

태조 어진(14세기 말)
흑피협금화

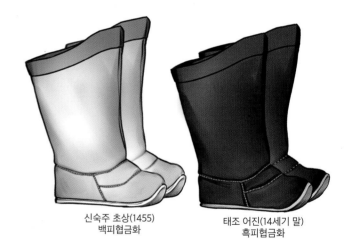

17~18세기 초반의 화

이 시기에는 화의 밑창 앞부분이 더 말려 올라갔습니다.
18세기 초의 화는 밑창을 누비로 한 경우도 볼 수 있는데, 「연잉군 초상(1714)」과 「조영복 시복본 초상(1725)」에서 볼 수 있습니다. 밀창군 이직(1677~1746) 묘에선 겉감을 누비로 한 화도 출토된 바 있습니다.

윤증(1629~1714) 백피화

밀창군 이직(1677~1746) 묘
출토 누비화

18세기 후반~19세기의 화

이 시기에는 화의 밑창 앞부분이 크게 말려 올라
갔고, 신목이 넓어져 쓰고 벗기엔 쉬워졌지만, 보
다 덜 활동적인 모양새가 되었습니다. 또한 가죽
대신 천을 겉감으로 사용하는 경우가 많아져 당
시에는 화를 목화木靴라고 불렀습니다.
전방 상단에 걸이 혹은 손잡이용 끈이 달려 휴
대하고 다니기 편하게 하였습니다.

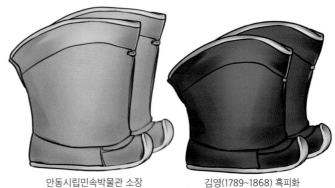

안동시립민속박물관 소장
백목화

김영(1789~1868) 흑피화

단국대 석주선기념박물관 소장
백목화

단국대 석주선기념박물관 소장
목화

19세기 후반의 화

1871년경 복제개혁의 일환으로 화의 신코가 낮아
졌는데, 수화자와의 경계가 명확지 않을 정도가
되어 수화자의 역할을 겸하기도 하였습니다.
개항기에는 신코가 더 낮아져 아예 밑창이 평평한
화가 사용되었습니다.

수화자

수화자水靴子는 주로 무관이 융복이나 군복 차
림에 신던 신으로 오염에 강하며 활동을 하기 좋
도록 만들어진 화입니다. 문헌 상으로는 17세기
부터 등장합니다.
「이삼 초상」의 수화자는 밑창은 흰색에 몸체는
가죽제로 2짝을 만들어 앞중심선에서 결합한
단순한 형태로 목이 좁고 방수를 고려한 초기 수
화자의 모습을 볼 수 있습니다.
「이창운 초상」의 수화자는 밑창은 흰색에 몸체
는 흑색으로 가죽제로 추정됩니다. 밑창의 형태
는 화자와는 달리 살짝만 올라간 형태지만, 재봉
선과 같은 부분은 화자와 유사합니다. 18세기 후
반 화자와 같이 장식화된 수화자의 모습을 볼 수
있습니다.
충렬사 소장 통제영 군복의 수화자 유물은 19세
기 것으로 추정되는데, 흰색 가죽제에 목이 넓고
4짝으로 만들어 방수를 신경 쓴 모습입니다.
『기축진찬의궤』의 수화자는 밑창 앞이 많이 올
라가고 화자와 유사한 재봉의 장식적인 수화자
입니다.

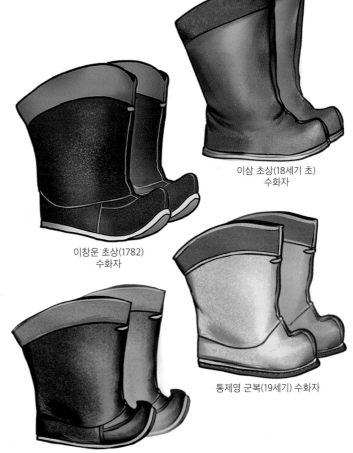

이삼 초상(18세기 초)
수화자

이창운 초상(1782)
수화자

통제영 군복(19세기) 수화자

기축진찬의궤(1829) 수화자

조선 초기의 혜와 짚신

혜鞋는 신목이 없는 가죽이나 천으로 된 신입니다. 『악학궤범(1493)』에서는 혜를 백색 가죽으로 만들며 끈을 단다고 서술하며, 신코 부분이 트인 모양을 하고 있습니다.

짚신 형태로 만든 혜도 있는데, 유물로 강릉 김씨(~1520) 묘 출토 피초혜가 있습니다. 『악학궤범』에서는 유사한 신을 운혜雲鞋라고 불렀고, 창검무, 궁시무, 간척무의 공인이 사용했습니다.

짚신(초혜草鞋)은 짚풀로 만든 목이 없는 신입니다. 삼실이나 종이 노끈으로 짠 것은 미투리라고 하였습니다. 조선 초중기 짚신은 후기의 것에 비해 신총의 수가 적고 너비도 좁아 발의 앞부분만 덮습니다.*

악학궤범 혜

강릉김씨(~1520) 묘
출토 피초혜

김함(1568~1598) 묘
출토 미투리

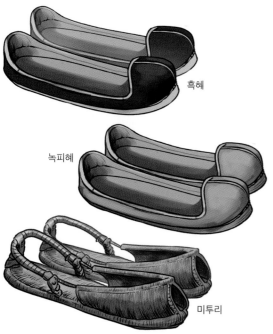

흑혜

녹피혜

미투리

조선 후기의 혜와 짚신

조선 후기에 혜는 신코가 막히고 남성용과 여성용이 나뉘는데, 남성용은 신코가 넓고 뒤축이 높으며 밑창이 평평하고 여성용은 앞코가 위로 크게 올라옵니다.

남성용 혜에는 흑색 가죽이나 직물로 만든 흑혜나 흰 가죽의 녹피혜가 있었습니다. 방수가 되는 신발이라 진창에서도 착용했으므로 미끄럼 방지용으로 밑창에 징을 박는 경우가 많습니다.

짚신에 있어서는 신총의 수가 많아지고 너비가 넓어져 발의 절반까지 덮습니다.

분투혜

분투혜分套鞋(분투分套)는 화 위에 신는 덧신으로, 주로 방한용으로 착용하였으나 화의 오염을 방지하는 용도로도 사용하였습니다. 분투혜의 형태는 노인들이 신는 발막신과도 유사한 신코가 말려 올라간 형태이며 크고 투박한 편입니다. 유물로는 서애 류성룡의 분투혜가 남아 있습니다.

류성룡(1542~1607)의
분투혜

---

*단국대학교 석주선기념박물관(2020), 전통 신의 모양새와 짜임새

바지 착용   한삼이나 적삼 착용   저고리 착용   감투, 행전 착용

바지저고리의 착용 순서

버선과 바지를 입고, 한삼이나 적삼을 입고, 그 위에 저고리를 입은 것이 조선시대 가장 기본적인 남성의 복장인 바지저고리 차림입니다.
조선 초기에는 저고리 대신 과두를, 후기에는 저고리 대신 두루마기, 소창의와 같은 포를 입기도 하였습니다.
바지저고리에 상투를 틀고 망건으로 머리를 정리한 후 감투를 쓴 모습이 일반적인 사람이 편히 있을 때의 복장입니다.

바짓단의 정리법

대님은 바깥쪽에서 늘어뜨리는 끈을 짧게 매듭을 지어 매며, 각반은 아래에서 윗단까지 돌려 맨 후에 맨 위에서 남은 끝단은 각반을 두른 틈으로 풀리지 않게 잘 끼워 넣어 정리합니다.
정은 바지 위에 써 정리한 후에 화를 신으며, 행전은 쓴 후에 뒤에 달린 끈을 앞으로 돌려 묶어 고정합니다.

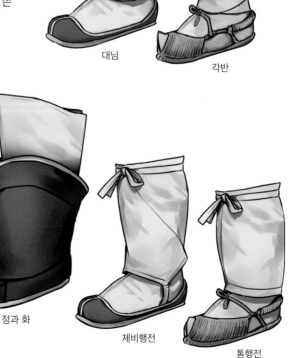

대님   각반

정과 화   제비행전   통행전

조선 초기의 바지저고리

박중손朴仲孫, 이변李邊을 보내어 아청면포 원령(단령), 유청주 탑호(답호), 초록주 철릭, 백초과두白綃裹肚, 고아袴兒(바지), 한삼汗杉 각각 2령領, 흑화黑靴 2쌍을 김유 등에게 나누어 주었다.

- 『단종실록』 단종 즉위년(1452) 10월 4일

조선 초기 바지저고리는 상의에 과두, 한삼, 적삼이 있으며, 바지는 개당고, 합당고가 있었습니다.

저고리의 형태에 있어서는 사각형의 돌출된 목판깃에, 무(옷의 옆구리 부분에 삼각형으로 붙어 있는 부속)나 당(옷의 겨드랑이 부분에 삼각형으로 붙어 있는 부속)이 있어 활동하기 편하게 되어 있습니다.*

바지의 경우 속곳형의 바지이되 아래가 트인 개당고, 아래가 막힌 합당고가 있었습니다.**

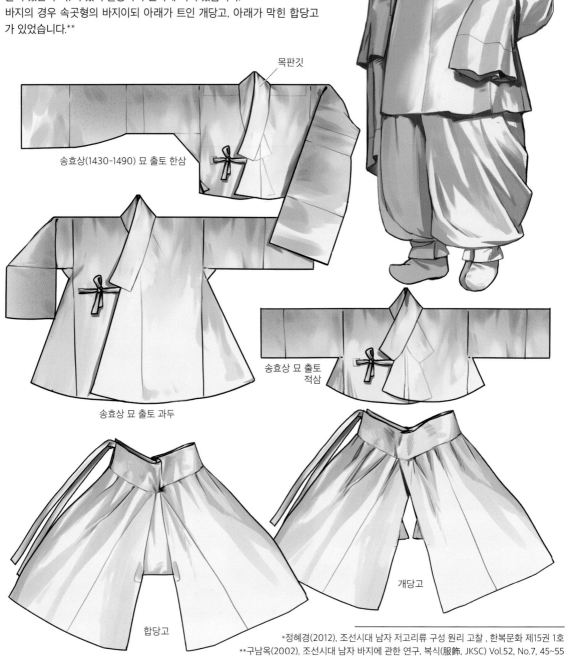

목판깃

송효상(1430-1490) 묘 출토 한삼

송효상 묘 출토 적삼

송효상 묘 출토 과두

합당고

개당고

---

*정혜경(2012), 조선시대 남자 저고리류 구성 원리 고찰 , 한복문화 제15권 1호
**구남옥(2002), 조선시대 남자 바지에 관한 연구, 복식(服飾, JKSC) Vol.52, No.7, 45~55

16세기의 바지저고리

16세기에도 이전과 유사한 저고리를 사용했는데, 16세기 중후반에는 후대에 주류가 되는 칼깃과 무, 당이 없는 유형의 저고리가 등장하여 이전의 양식과 공존하였습니다.*

바지에서는 세가닥 바지가 새로 출현했는데, 세가닥 바지는 개당고 형태의 바지에 짧은 가닥을 추가하여 추운 날씨에도 용변을 보기 편하도록 만든 것입니다. 짧은 가닥이 바지 안쪽으로 들어가는 내형과 바깥으로 돌출되는 외형이 있었습니다.**

칼깃

송희종(16세기 중후반) 묘
출토 적삼

바깥쪽 가닥

정응두 묘 출토
세가닥 바지(외형)

이헌충 묘 출토
세가닥 바지(내형)

안쪽 가닥

*정혜경(2012), 조선시대 남자 저고리류 구성 원리 고찰, 한복문화 제15권 1호
**황진영(2019), 조선시대 분묘 출토 세가닥 바지 유형에 관한 연구, 한국복식 제41호

17세기의 바지저고리

17세기에는 저고리의 깃이 사각형에 돌출된 목판깃에서 칼깃으로 변하였고, 형태에 있어서도 무와 당이 없는 대신 유형이 늘어났습니다.* 17세기 중후반에는 과두가 사라지고 저고리나 소창의를 입게 되었습니다.**
바지에 있어서는 사폭바지가 도입되는데, 17세기 초반까지는 출토유물에 속곳형 바지나 과도기형 사폭바지가 혼재된 양상입니다. 17세기 중후반에 가면 사폭바지가 정착됩니다.

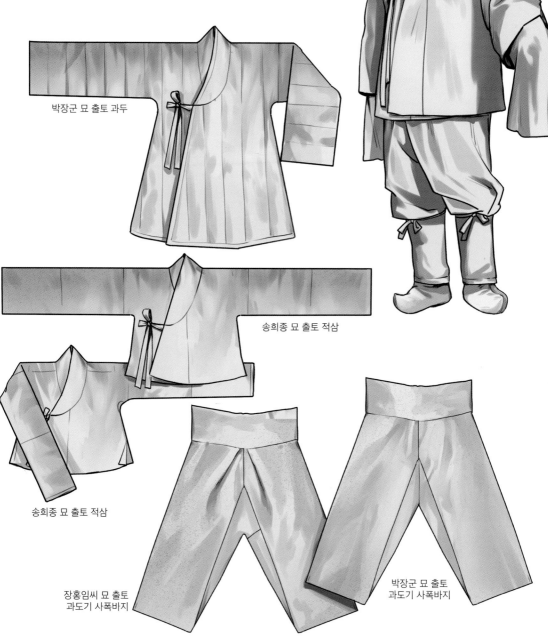

박장군 묘 출토 과두

송희종 묘 출토 적삼

송희종 묘 출토 적삼

장홍임씨 묘 출토
과도기 사폭바지

박장군 묘 출토
과도기 사폭바지

*박선영, 이경미(2020), 조선시대 출토 적삼의 특징에 관한 연구, 복식(服飾, JKSC) Vol.70, No.1, 46~58
**정혜경(2012), 조선시대 남자 저고리류 구성 원리 고찰, 한복문화 제15권 1호

18~19세기의 바지저고리

적삼 끝의 한건汗巾(한삼)이 길고 넓으면 나태함을 기르고 일하기에 불편하니 없애는 것이 좋다. 대저 소매와 옷자락이 쓸데없이 길면 일하는 데에 크게 방해된다. 행등(행전)이 짧고 좁아서 바지가랑이 끝만 겨우 가려질 정도면 요망스러운 옷이다.···(중략)···

아무리 날씨가 춥더라도 짧은 저고리短襦를 위에 끼어 입지 말고, 몹시 더운 날씨라도 옷깃을 열지 말고 짧은 적삼短衫만을 입지도 말며, 버선을 벗고 바지 끝을 걷어 올리지도 말라.

버선 등은 틀어지게 꿰매서는 안 되고, 바지 끝을 묶는 대님은 느슨하게 해서는 안 되고, 적삼에는 수건(한삼)을 달되 길게 해서는 안 되고, 입자(갓)에는 끈을 매되 넓게 해서는 안 된다.

— 『청장관전서(1795)』제27~29권 / 사소절 1 - 사전 1 복식

18세기에도 저고리의 형태는 17세기와 크게 다르지 않습니다. 19세기 경에는 저고리의 깃이 칼깃에서 둥그레깃으로 바뀌며 고름도 약간 중앙으로 옵니다.*

바지는 17세기 정착된 사폭바지가 형태의 변화 없이 계속 쓰입니다.

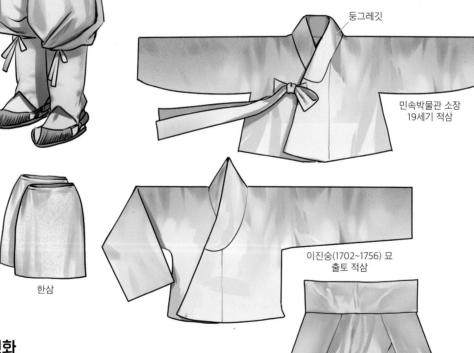

둥그레깃

민속박물관 소장
19세기 적삼

이진숭(1702~1756) 묘
출토 적삼

한삼

사폭바지

한삼의 변화

18세기 말에 가면 한삼의 제도가 달라져 저고리 소매 끝에 바느질해 달거나 손목에 묶는 소매자락을 한삼, 한건汗巾이라고 불렀습니다.*

19세기에 가서는 무용이나 북을 치는 취고수나 쓸 뿐 일반적인 복장에서는 거의 보기 힘들어집니다.

*박선영, 이경미(2020), 조선시대 출토 적삼의 특징에 관한 연구, 복식(服飾, JKSC) Vol.70, No.1, 46~58

각종 옷감

비단과 사

비단(단자段子, 단段)은 14세기경 새로이 등장한 견직물로, 조선 초기 사와 함께 정착한 고급 견직물입니다. 단은 광택이 많고 매끄러운 특징을 가지며, 치밀하고 두꺼워 겨울용 옷감으로 사용됩니다. 무늬가 없게 직조된 비단은 민비단(소단素緞, 공단貢緞), 무늬가 있는 것은 스민문단(문단紋緞), 중국에서 수입한 비단류는 대단大緞으로 불렸습니다.

사는 조선 초기 비단과 함께 정착한 고급 견직물로, 성글게 짜 가볍고 얇아 여름용 옷감으로 사용됩니다. 무늬가 없게 직조된 사는 소사素紗, 무늬가 있는 것은 문사紋紗로 불렀습니다.

이들의 문양으로는 운문(구름), 운보문(구름과 보배), 화문(꽃), 화조문(꽃과 새), 원용문 등 다양한 문양이 존재하였습니다.

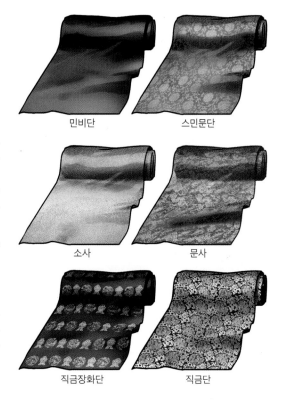

민비단 스민문단

소사 문사

직금장화단 직금단

직금단과 직금장화단

직금단織金緞(금단錦緞)과 직금장화단織金粧花緞(장단粧緞, 壯緞)은 모두 비단을 바탕으로 하는데. 그 위에 금실로 무늬를 짜넣는 경우 직금단, 색사와 금사를 같이 넣는 경우는 직금장화단이라 명명합니다.

주, 무명, 삼베, 모시

주는 평직의 견직물로, 비단과 사에 비해서 쉽고 저렴하게 만들 수 있는 견직물이었습니다. 면주綿紬, 화주禾紬 등 고급의 주도 있었습니다. 무늬가 없는 것을 이를 때는 공주貢紬, 무늬가 있는 것은 문주紋紬로 불렸습니다.

무명(목면木綿, 면포綿布)은 목화에서 뽑은 실로 만든 면직물로, 1363년 문익점에 의해 새로운 목화 종자가 반입되고 보급됨에 따라 모든 계층에서 널리 사용하였습니다.

삼베(마포麻布)는 대마로, 모시(저포苧布)는 저마로 만든 마직물인데, 둘 다 통기성이 좋아 여름용 직물로 사용되었습니다. 삼베는 더 질기며 한반도 대부분의 지역에서 생산되었고, 모시는 약하고 남쪽에서만 생산되는 대신 특유의 질감과 가벼움으로 선호되었습니다.

이러한 평직의 직물들은 섬세함에 따라 5새, 10새 등 새(승升) 수로 구분되는데, 새 수가 올라갈수록 더 섬세하고 광택과 매끄러움이 큰 고급 직물이었습니다.

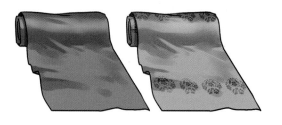

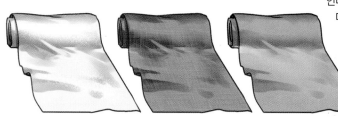

청포, 삼승, 전

청포靑布는 중국에서 수입된 무명이고, 삼승三梭은 기모감이 있는 면-양모 혼방 직물입니다. 이들은 임진왜란 때 유입된 후 군사의 군복감으로 널리 사용되었습니다.*

전氈(모전毛氈) 또한 중국에서 수입된 모직물로 직조하지 않고 양모를 압착하여 제작합니다. 담요나 방한구, 갑옷의 겉감 등에 사용되었습니다.

삼승 전

*김순영(2016), 조선 후기 청포와 삼승의 개념 및 용도, 한국의류학회지 Vol.40, No.5, 855~866

융복의
변천

武備

융복의 구성

융복戎服은 군사와 관련된 사무나 의례 등에 사용했던 복장으로, 갓과 철릭, 띠로 구성됩니다.
조선 초기에는 서민과 양반의 일상복으로도 쓰였고, 군사복식으로도 많이 쓰였습니다. 그러나 조선 후기에는 군사복식으로는 주로 군복이 쓰이며 융복은 문관을 중심으로 사용됩니다.

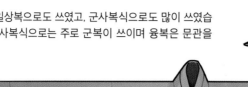

갓

갓

갓(립笠)은 조선시대 성인 남성들이 일상적으로 사용했던 모자입니다. 조선시대 융복 차림에서 사용하는 관모기도 하며, 사사로이 입는 편복 차림에서도 많이 사용되었습니다.

철릭

철릭

철릭貼裏, 帖裏, 天益은 상의에 치마인 하상下裳을 붙여 만든 옷으로, 융복 차림에 착용하는 겉옷이며 조선시대 성인 남성이 일상적으로 착용한 옷이기도 합니다.

광다회

원다회

전대

말대

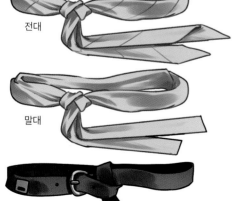

혁대

다회띠

다회多繪는 명주실로 만든 끈목을 말하는데, 다회로 만든 띠인 다회띠(사대絲帶)는 융복 차림에 착용하였습니다.
다회는 직조된 형태에 따라 광다회, 원다회로 나뉩니다.

포대

포대布帶는 직물로 만든 띠를 말하는데, 다회띠에 비하여 낮은 계층의 융복 차림에 사용되었습니다.
포대는 직물을 접어 바느질한 방식에 따라 전대와 말대로 나뉩니다.

혁대

혁대革帶는 가죽으로 만든 띠를 말하는데, 후술하겠지만 착용례가 많지는 않습니다. 가죽으로 되어 견고하기에 군사와 관련된 일에 많이 쓰였을 것입니다.

변수(1447~1524) 묘
출토 광다회

강대호(1541-1624) 묘
출토 광다회

조영복 초상(1725)
세조대

융복의 띠

다회

명주실 여러 개를 합쳐 꼬아서 만든 끈을 다회라고 합니다. 그 중에서도 넓게 짠 것은 광다회廣多繪(광조대廣條帶), 원형으로 짠 것은 원다회圓多繪라고 하는데, 주로 광다회가 의복의 띠로 사용되었고, 원다회는 세조대細條帶라는 이름으로 사사로이 입는 편복에 많이 사용하였습니다.

다회띠의 끝에는 술을 다는데, 술 머리에 금전지를 넣고 망을 떠서 화려하게 만든 것도 있습니다.

다회의 색은 본래 구별이 없었으나, 『대전통편(1785)』에서는 당상관은 홍색, 당하관은 청색의 다회를 사용하는 제도가 정해졌습니다.

토환

토환吐環은 띠를 고정하는 장치로, 다회 끝에 달아 사용합니다. 토환은 고리(토환)와 갈고리(구자鉤子)로 이루어진 '토환구자형'과 품대의 삼태와 유사한 형식의 '삼태형'이 있는데, 조선에서는 삼태형을 주로 사용한 것으로 보입니다. 이 토환대는 18세기 이후 사용이 급격히 줄어들어 찾아보기 힘들게 됩니다.*

삼태형 토환은 안쪽에 날름쇠를 걸어 고정하는데, 버튼식으로 쉽게 끼우고 뺄 수 있게 하였습니다.

최덕지 초상(15세기)의
흑각토환광다회(삼태형)

삼태

날름쇠

안쪽면(추정)

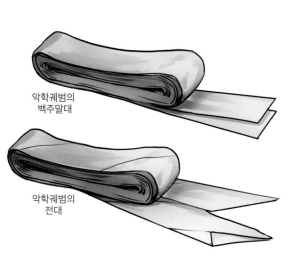

악학궤범의
백주말대

악학궤범의
전대

말대와 전대

『악학궤범(1493)』에서는 직물로 만들어진 포대布帶가 2종 있는데, 백주말대白紬抹帶와 전대纏帶입니다.

백주말대는 백색 주를 꿰메어 만든 것으로, 각종 의장물을 든 공인이 사용하였습니다. 전대는 흰 모시로 만든 것인데, 궁시무와 간척무의 공인이 사용하였습니다.

이런 말대와 전대는 다회에 비하여 만듦새가 단순하여 낮은 계층의 군사에게 사용되었을 것입니다.

---

*안지원, 홍나영(2017), 토환(吐環)에 대한 연구, 복식(服飾, JKSC) Vol.67, No.5

혁대

혁대는 가죽으로 되어있어 띠고리로 고정하는 허리띠입니다.

사실 혁대나 품대를 융복이나 군복 위에 착용했는지 여부는 확실하지 않습니다. 그러나 명나라의 『상희명선종행락도축』에서는 철릭 위 조갑을 입고 품대를 찬 명 선종의 모습을 볼 수 있으며 1624년 조선통신사 행렬을 담은 『관영조선인래조권』에서는 품대와 포대를 함께 찬 무관의 모습이 그려져 있어, 융복이나 군복 위에 혁대나 품대 착용이 존재하였음을 짐작해 볼 수 있습니다.

『악학궤범』 기량대

악학궤범 기량대

『악학궤범(1493)』에서는 세종조 회례연의 무무공인이 차는 혁대로 기량대를 제시하고 있습니다. 기량대는 품대와 달리 띠고리가 하나만 달려있는 야자대 형태이나, 띠가 길게 내려오지 않습니다. 무인과 관련된 무무공인이 융복이나 단령 위에 사용하던 혁대이므로, 군사 복식에서도 이러한 혁대를 착용하였을 수 있습니다.

『악학궤범』 금동록혁대

악학궤범 금동록혁대

『악학궤범』에서는 무예와 관련된 무무공인이 차는 혁대로 금동록혁대를 제시하고 있습니다. 『악학궤범』 편찬 당시에는 기량대를 대신하여 무무공인의 혁대로 사용되었습니다.

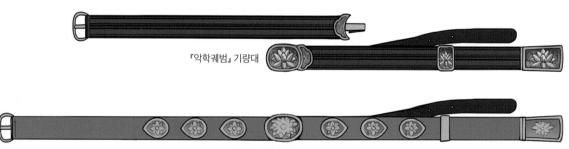

『악학궤범』 기량대

『악학궤범』 금동록혁대

라이프치히그라시민속박물관
소장 옥띠돈

안필호 초상(1913)
은띠돈

띠돈

띠돈(대전帶錢)은 띠에 다는 장식물의 통칭인데, 다회에 사용하는 띠돈은 고리가 달려 장도나 주머니, 검, 동개 등을 걸 수 있도록 다는 것입니다. 옥이나 산호, 밀화, 금, 은, 동 등의 다양한 재질로 된 띠돈이 존재했습니다.

갓

갓(립笠)은 머리를 덮는 대우(모자帽子)와 차양인 양태涼太로 이루어진 모자입니다. 조선시대 융복 차림에서 사용하는 관모기도 하며, 사사로이 입는 편복 차림에서도 많이 사용되었습니다.

갓은 재질에 따라 말총을 엮어 만든 종립騣笠, 명주실을 엮어 만든 사립絲笠, 천을 씌워 만든 포립布笠(부죽립付竹笠), 풀을 엮어 만드는 초립草笠, 대나무를 엮어 만든 죽립竹笠(패랭이平涼子), 털을 굳혀 만든 전립氈笠(모립毛笠, 벙거지) 등으로 나뉩니다. 일반적으로 종립과 사립이 높은 계층의 갓으로 사용되었고, 포립이 그 아래, 초립과 죽립, 전립이 일반 계층에서 많이 사용되었습니다.

갓은 색에 따라서 붉은색 계열의 주립(홍립, 자립)과 검은색의 흑립, 백색의 백립으로 나뉘는데, 주립은 주로 당상관에 의하여 사용되었고, 흑립은 그 이하, 백립은 상중에 있을 때 사용하였습니다. 초립과 죽립, 전립은 염색하지 않은 본래의 색을 사용하였지만, 군사나 관아 이속의 전립이나 죽립은 검은색으로 염색하여 사용하였습니다.

호수

대우

입식

양태

구영자

구슬 갓끈(주영)

깁 갓끈(견영)

양태

운월아

조선 초기의 갓

고니깃

꿩깃

공작깃

맥수

호수

갓의 삽우

상이 정원에 전교하기를,
"25일에는 마땅히 친열親閱하겠으니 제반 일을 미리 준비하라"하였다. 이는 곧 진법陣法 익히는 것을 친열하는 것인데, 모든 호위 및 거가를 따르는 신하들은 모두 융복戎服에 우립羽笠 복장을 한다.

－『선조실록』 선조 7년(1574) 3월 16일

융사에는 저모립猪毛笠에 공작 깃을 꽂고, 또 영우領羽(모자 위에 꽂는 고니 깃털)와 호수를 꽂는다. 당상관은 자줏빛 말총으로 짠 갓에 한 쌍의 방우傍羽(모자 옆쪽에 꽂는 고니 깃털)를 꽂는다.

－『고운당필기(18세기 말)』 제2권 / 호수

조선 초기부터 갓에 깃털을 꽂는 장식(삽우挿羽)이 있었는데, 깃털을 꽂은 갓을 우립羽笠이라고 하였으며 융복 차림에 사용하였습니다. 이는 조선 후기에도 마찬가지로 조선 후기에는 공작깃이나 고니깃을 사용하였습니다.

호수와 맥수

호수虎鬚는 옛날에 없던 제도이다. 옛날에 현종顯宗이 온천에 거동할 때에 보리 풍년이 크게 들었는데, 임금이 매우 기뻐하여 호종扈從하는 여러 신하들에게 명하여, 각각 보리 이삭을 꽂아서 풍년을 기념하게 하였다. 그후 융복에 호수를 꽂는 것은 곧 보리 이삭이 남긴 뜻이다. 지금도 금군禁軍 중에는 가난하여 호수를 갖추지 못하는 자는 혹 보리 이삭으로써 대신하니 여기서도 옛 일이 오히려 전해진 것을 볼 수 있다.

－『연려실기술』 별집 제13권 / 정교전고 관복

맥수麥鬚는 17세기 말 현종 때 풍년을 기념하여 보리 이삭을 꼽게 한 것에서 비롯되었는데, 이것이 변하여 호수虎鬚가 되었습니다.

호수는 4개가 1조로 연결되어 있으며, 꽂은 후 끈을 갓의 대우에 둘러 묶어 고정합니다.

갓의 장식

조선시대 갓에는 다양한 장식을 달았었습니다. 갓의 정상에는 정자를 달았으며, 좌우에는 구름 모양의 장식인 운월아, 전면에는 면옥, 깃털이나 호수를 꽂기 위한 입식이 있었습니다.

갓의 정자

"옥로玉鷺라고 하는 것은 옥으로 해오라기를 새긴 것으로 주립朱笠 위에 부착하는데 모든 방백(관찰사), 곤수(절도사), 방어사가 다 부착합니다…"

- 『승정원일기』 영조 14년(1738) 8월 19일

갓의 정상에 다는 장식을 정자라고 합니다. 조선 초기에는 구슬 형태로 생겼는데, 『경국대전(1468)』에 따르면 사헌부, 사간원 관원과 관찰사, 절도사는 옥정자를 사용하며, 감찰은 수정정자를 사용합니다.

조선 후기엔 옥정자가 변하여 옥로玉鷺가 사용되는데 옥의 형상을 조각하여 만든 정자로, 1738년에는 관찰사와 병마절도사, 방어사 등이 착용하였다고 하며, 『대전회통(1865)』에 따르면 전현직 대신과 장신(장군)이 융복과 군복 차림에 부착합니다.

옥이나 수정 외에도 은이나 동으로 된 정자가 있는데, 옥정자를 사용하지 못하는 계급의 것이었던 것으로 보입니다.

이숭인 초상 옥정자
14세기 후반

이현보 초상 은정자
15세기 초반

달성 성하리 출토
청동정자

라이프치히그라시민속박물관 소장 옥로

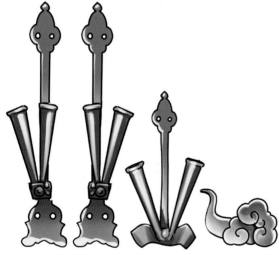

함안 소포리 출토 청동입식

이현보 초상 운월아

조선 후기 갓의 입식

조선 후기에도 깃을 꽂기 위한 입식은 계속 사용되었으나, 운월아의 사용은 사라집니다. 깃털을 꽂을 때 좌우 하나씩 꽂게 되면서, 입식도 일반적으로 좌우 2개나 호수꽂이용으로 후방에 하나를 더해 3개 정도만 있게 됩니다.

왕의 갓 전면에 면옥面玉이라 부르는 옥판 장식이 달리는데, 「철종어진」에서 확인할 수 있습니다.

조선 초기 갓의 입식

입식은 갓에 부착하는 장식으로 깃털을 꽂기 위해서 다는 것이 있고, 또 운월아雲月兒라는 갓의 좌우에 부착하는 구름모양의 장식이 있습니다.

『경국대전』에는 당상관은 은으로 된 입식을 사용하는 것만이 규정되어 있습니다. 운월아의 경우 유물은 없으나, 「이현보 초상」, 『악학궤범』 등에서 그 모양을 확인할 수 있습니다.

철종 어진 면옥

이화여자대학교
담인복식미술관 소장 입식

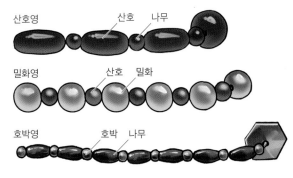

산호영　　　산호　　나무

밀화영　　　　산호　　밀화

호박영　　　　호박　　나무

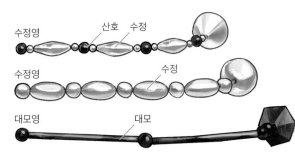

수정영　　　　산호　　수정

수정영　　　　　　　　수정

대모영　　　　　　대모

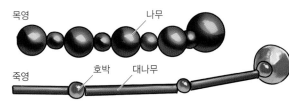

목영　　　　　　　　나무

죽영　　　　호박　　대나무

갓끈의 종류

갓은 차양이 있는 모자기에 바람에 날아가기 쉬우며, 특히 조선 후기엔 머리 둘레가 좁아지는 경향이 있어 갓끈이 필요합니다.

조선시대 갓끈은 장신구의 역할도 하여 신분과 상황에 따라서 다양한 갓끈을 사용하였습니다.

구슬 갓끈(주영珠纓)에는 패영貝纓, 정영晶纓, 목영木纓, 죽영竹纓이 있으며, 끈으로 된 것에는 주영紬纓, 견영絹纓이 있습니다.

패영과 정영

"마류瑪瑠·호박琥珀·산호珊瑚·청금석青金石의 입영笠纓과 은장도자銀粧刀子는 당상관 외에 사용하는 것을 일체 금하고…"
– 『중종실록』 중종 17년(1522) 8월 12일

내가 이르기를,
"당하의 융복에 모두 호박琥珀을 달고 있는데, 경들이 젊었을 때에도 그러했는가?"…(중략)…채제공이 아뢰기를,
"신이 젊었을 때로 말하더라도 모두 자수정이나 백수정을 썼고 호박은 감히 생각지도 못했으며, 간혹 자만호紫璅瑚(산호)를 달기도 하였습니다…"
– 『일성록』 정조 15년(1791) 4월 20일

밀화나 호박과 같은 보석으로 된 갓끈을 패영이라 하며, 수정이나 유리로 된 갓끈을 정영이라 합니다. 당상관(정3품 상계 이상)은 패영, 당하관(정3품 하계 이하)은 정영을 하였습니다.

이들의 형태는 큰 구슬과 작은 구슬을 번갈아 가며 끼운 형태이며, 중앙에는 큰 구슬을 하나 두어 포인트를 주었습니다. 큰 구슬과 작은 구슬의 소재에 차이를 두기도 합니다.

산호의 경우 1522년에는 당상관만이 사용할 수 있었으나, 18세기에는 당하관이 사용하는 경우도 있었습니다.

목영과 죽영

나무로 된 영자를 목영이라 하며, 대나무로 되었으며 사이사이 구슬이 있는 영자를 죽영이라 합니다.

목영과 죽영은 양반이 사사로이 편복에 사용하거나, 낮은 계층이 사용하기도 합니다.

주영과 견영

조선 전기에는 얇은 다회로 된 갓끈인 주영을 사용하였고, 조선 후기에는 직물로 된 견영이 주로 사용되었습니다.

이런 끈으로 된 갓끈은 구슬 갓끈과 같이 사용되기도 하고, 계층을 가리지 않고 많이 사용되었습니다.

구영자

구영자鉤纓子는 갓에 다는 S자 형태의 고리인데, 조선 후기부터 보이기 시작합니다. 이전의 갓에는 구멍을 뚫거나 바느질하여 끈을 연결하였지만, 구영자를 사용하면서 편하게 갓끈을 교체할 수 있게 되었습니다.

주영

견영

구영자

15세기,
목 주변
「김시습 초상」

16세기,
가슴께
「이현보 초상」

18세기,
허리 아래
「청금상련」

갓끈의 착용법

임금이 온천에 거둥하여 과천현에서 묵었다. 임금이 말하기를,
"패영貝纓에다 견영絹纓을 함께 맨 것은 지난날 온양에 거둥할 때 처음 하기 시작한
것으로 대개 끊어질까 근심해서였는데, 그 후에도 이 때문에 풍습이 되고 말았다."
— 『영조실록』 영조 26년(1750) 9월 12일

옛날에 패영貝纓을 다는 제도는 전립戰笠의 끈에 큰 구슬을 꿰고 그 끈 끝을 턱 아
래까지 드리우는 것인데, 그 길이가 몇 치에 지나지 않았다. 풍원 조공(조현명)이
오른쪽에 다는 장식을 하고 영성군靈城君(박문수)이 그것을 본떠 행하였다. 정묘
(정조) 이후로는 그 모양이 점점 길어져 어깨 위에까지 내려오는 등 옛날 제도와
크게 달라졌다. 지금은 공사복公私服에서 패영이 모두 없어졌다.
또 사영絲纓의 양식은 비단을 사용하고 길이는 한 자 남짓이고 폭은 한 치에 차지
않았으며, 문관文官과 음관蔭官이 통용하였다. 무인은 제한이 없으니 군인의 차림
이기 때문이다. 중고 시대에는 점점 넓어져 분별이 없었는데, 근래 들어 옛 제도를
회복하였다.
— 『임하필기』 권28 / 춘명일사, 갓끈의 제도

조선 초기에는 갓끈의 길이가 목 주변을 벗어나지 않았으나, 16세기경에는 가슴
께까지 내려오고, 18세기경에는 허리 아래로 내려올 정도로 길어졌습니다.
길어진 갓끈은 집안 등 편한 장소에선 늘어뜨리고 다녀도 무방하겠지만, 몸을 움
직여야 할 땐 걸리적 거리므로 묶어 정리해야만 했습니다.

패영과 견영을 함께 매기

17세기 중후반 현종의 온양행차 때, 패영만 사용한 갓이 혹
시 떨어질까 염려하여 견영을 함께 찬 것으로부터 시작하
였습니다.

갓 한쪽에 두 번 휘둘러 매기

18세기 초반 조현명이 갓 오른쪽에 패영을 휘둘러 매었는
데, 박문수가 그것을 본뜨며 유행하고 19세기까지 사용되
었습니다.

뒤통수에서 한 번 더 매기

견영의 경우 턱에서 한 번 묶고 늘어뜨린 띠를 망건 당줄 부
분에서 한 번 더 묶어 정리하기도 하였습니다. 「계변가화」,
「사인사예」 등 조선 후기 풍속도에서 확인되는데, 주로 활쏘
기를 할 때 갓끈을 이런 식으로 정리한 것으로 보입니다.

옆에서 한 번 더 매기

뒤통수에서 매는 방식 외에도, 턱에서 한 번 묶고 늘어뜨린
띠를 한쪽에서 한 번 더 묶어 갓끈을 정리하기도 하였습니
다. 「홍이상 평생도」의 군사들에서 확인되는데, 낮은 계층
이 갓끈을 이런 식으로 정리한 것으로 보입니다.

패영과 견영을
함께 매기

갓 한쪽에
두 번 휘둘러 매기

옆에서
한 번 더 매기

뒤통수에서
한 번 더 매기

갓의 변천

14세기 후반~15세기의 갓

이숭인
초상 갓

이인민
초상 갓

박익묘 벽화 갓

14세기 후반 「이숭인 초상」에서는 원형의 대우에 약간 아래로 처진 양태, 안에 안감을 올린 갓을 확인할 수 있습니다. 또 같은 시기 「이인민 초상」과 15세기 초 박익 묘 벽화에선 대모 정상이 평평한 갓이 보이는데, 대모가 둥근 것과 평평한 양식이 공존했던 것으로 보입니다.

이때 신분에 따라 갓의 양태 너비에 차이를 두는 제도가 정착되는데, 1412년 노비의 갓은 모시를 쓰되 양태의 너비를 주인의 것보다 반으로 줄이도록 하는 규제가 있었고, 1449년 의복 금제에서는 사족의 초립 양태를 정죽 30, 평죽 14개로 규정하며 서인의 초립은 그 절반으로 규정한 사실이 있습니다. 『악학궤범(1493)』이나 「기영회도(1584)」에서 낮은 계층의 양태가 좁은 갓을 확인할 수 있습니다.

15세기 후반의 갓

"요동의 군사가 백의白衣를 입고 흑초립黑草笠을 쓰기도 하였는데, 그들의 활 쏘는 기술과 말 타는 솜씨가 매우 날래고 용맹스러워 중국의 병졸과 같지 않았으므로, 혹시 조선의 군마가 싸움을 도와준 것이 아닌가?"
- 『중종실록』 중종 12년(1517) 12월 24일

15세기 중반부터는 말총으로 짠 종립이 크게 유행하여 조정에서 금지하자는 논의가 있기도 합니다. 결국 종립을 금지하지는 않았습니다.
1472년에는 사족의 초립은 30죽, 서인의 초립은 20죽으로 규정하였습니다.
15세기 후반 「김시습 초상」에서는 흑색 초립 혹은 종립이 그려져 있으며, 『악학궤범』에서는 가동의 융복 차림 쓰개로 상대적으로 좁은 양태를 가진 주황초립을 제시하고 있습니다.

김시습 초상 갓
15세기 후반

악학궤범 초립

16세기의 갓

이현보 초상 갓
16세기 초

김진 초상 갓
1572

김성일(1538~1593) 갓

류성룡(1542~1607) 갓

16세기 초반에는 대우가 크고 높으며 양태가 좁은 갓이 유행하여 이러한 갓을 '동아에다 절편떡을 두른 것 같다冬瓜臺上切餅坪兒'고 하였습니다. 또한 이때 사치풍조가 유행하여 낮은 계층이 화려한 갓을 쓰기도 하는데, 1522년 당상관 미만이 자색 종립과 마노, 호박, 산호, 청금석으로 된 갓끈을 사용하는 것을 금지합니다.
1547~1548년 경상우병사 김순고가 갓 제도가 우모雨帽(갈모)를 쓰기에 불편하여 높이와 넓이를 가감하여 모양을 경쾌하게 만들었는데, 이것이 유행하여 '김모체金某體'라고 하였습니다.
1562년 선과 시행 직전에는 김모체가 변하여 대우의 높이가 낮아지며 양태가 넓어져 승립과 같이 되었다 합니다. 관에서 그러한 시속을 고치고자 대우가 높은 갓을 '고체古體'라 하여 권하였으나 시속에서 잘 따르지 않았다고 합니다.*
1572년 「김진 초상」의 김진과, 1584년 「기영회도」의 악공과 하인이 높은 갓을 착용하는 것을 보아 16세기 후반에는 다시금 고체가 유행하였던 것으로 보입니다.
이 시대의 유물로 류성룡의 갓과 김성일의 갓이 남아있는데, 류성룡의 것은 대우가 높고 양태가 평범하고 김성일의 것은 비교적 대우가 낮고 양태가 넓으니, 각각 '고체'와 '김모체'의 갓에 가깝다고 할 수 있겠습니다.

*청강선생 후청쇄어, 연려실기술 별집 제13권, 정교전고 관복 참고

17세기의 갓

1593년 중국의 제도를 본딴 복식 개혁에서 상하에 구별이 없다 하여 군사들에게는 전립을, 일반 서인에게는 소모자를 착용하도록 하였습니다. 실제로 「선묘조제재경수연도」 등 17세기 초반의 회화에서는 낮은 계급의 쓰개로 소모자가 사용된 예를 볼 수 있습니다.

그러나 오래 지나지 않아 낮은 계층에게도 갓이 다시 사용되는데, 「비변사문무낭관계회도 (1630)」에서 확인할 수 있습니다. 신분에 따른 양태의 차이도 보이지 않는데, 이 시기를 전후로 신분에 따른 양태의 차이가 없어진 것으로 보입니다.

형태에서는 17세기 초중반에는 이전과 같은 대우가 높고 양태가 적당한 비율의 갓이 사용된 것으로 보이며, 17세기 후반에는 대우가 낮아진 것으로 보입니다.

관영조선인래조권(1624) 갓

개인소장
선조 초상 갓

숙종인경왕후가례도감의궤반차도(1671) 갓

황창술(1628~1711) 갓

자립(추정)

을축갑회도(1686) 흑립

18세기 초반의 갓

18세기 초반에는 원통형의 대우를 가진 갓이 주류가 되기 시작합니다. 또 머리둘레가 좁아져 조영석의 「현이도」 등을 보면 망건을 다 덮던 갓의 둘레가 망건 중간까지 올라온 것을 확인할 수 있습니다.

또한 이 시기 자립紫笠 제도가 정착되었는데, 이전 시대에도 당상관에 한하여 주립, 자립 등이 사용된 바가 있으나, 법적인 제도가 있지 않았습니다. 『속대전(1746)』에서 당상관이 융복 차림에 자립을 사용한다고 명확히 규정되었습니다.

18세기 후반의 갓

18세기 후반에는 갓의 머리둘레가 더 좁아져 망건 상단까지 올라옵니다. 갓이 넘어가는 것을 막기 위해 풍잠과 같은 장식물이 등장했고, 갓끈도 매우 길어집니다.

본래 자색이었던 자립은 점점 붉어져 명칭 또한 주립이 됩니다.

모당 홍이상 평생도 주립

한국국학진흥원 소장 창녕조씨 흑립

19세기 초반의 갓

19세기 초반 머리둘레는 좁고 양태는 넓어지고 대우는 높은 역사상 가장 특별한 갓이 사용됩니다.

성균관대학교박물관 소장 주립

학봉종택 소장 흑립

19세기 후반의 갓

19세기 중반을 지나가며 갓의 제도가 조정되어 양태의 넓이와 대우의 높이가 적당히 줄어듭니다. 19세기 후반 사치 금제가 계속되며 양태의 너비는 계속 좁아졌고, 20세기에 이르러선 차양의 역할을 하기 힘들 정도로 좁아집니다. 이후 별다른 변화가 없이 일상적인 사용이 사라진 지금에 이릅니다.

20세기 흑립

민속박물관 소장 칠사립

학봉종택 소장 흑립

바지저고리

철릭 착용

갓과 띠 착용

융복의 착용 순서

대왕대비전이 전교하기를, "지금부터 조신朝臣의 융복戎服은, 철릭帖裏은 구례대로 품계에 따라 하도록 하고, 호수虎鬚·주립朱笠·패영貝纓은 영구히 삭제하고 칠사립漆紗笠으로 마련하며, 철릭 안에는 군복을 입어 구례의 정식을 복구하라." 하였다.
- 『승정원일기』 고종 1년(1864) 7월 10일

융복은 저고리(과두)나 두루마기 위에 철릭을 착용하고, 갓을 쓰고 띠를 찬 차림입니다.
19세기 말에는 군복을 철릭 아래 받쳐 입는 풍조가 있기도 하였습니다.

띠의 매는 법

조선시대에는 허리띠를 묶기 위하여 다양한 매듭법이 사용되었는데, 세부적인 형식은 집안마다, 시기마다 달랐습니다.
가장 일반적인 매듭으로 동심결同心結이 있습니다. 조선 초기에는 좌우 양쪽으로 고를 트는 방식이 사용되었지만, 조선 후기에는 고를 한쪽으로 트는 방식이 주로 사용되었습니다.
경우에 따라선 동심결 대신 리본묶기를 사용하기도 하였으며, 아예 고를 틀지 않고 묶은 경우도 있습니다.

고를 틀지 않음

조선 후기 동심결

조선 초기 동심결

15세기의 융복

병조에 전교하여 이르기를, "이후로는 문 밖에 거동할 때에 시위하는 군사들은 모두 철릭帖裏을 입으라." 하였다.
- 『세종실록』 세종 7년(1425) 4월 1일

예조禮曹에 전지하기를, "대소의 행행行幸에 시위侍衛하는 인원은 모두 무복武服(융복)을 입도록 하라."
- 『성종실록』 성종 2년(1471) 2월 18일

허침에게 유청 필단 겹철릭과 자주 유철릭을 각 1령領씩을 하사下賜했으며, 또 도원수都元帥 이극균李克均에게는 주자 소오자 1개, 호초胡椒 4두, 사의蓑衣(도롱이) 1부, 석웅황石雄黃 1근, 낭자囊子 1개를 하사下賜하고. 부원수副元帥 오순吳純에게는 남주 겹철릭, 대홍주 유철릭 각 1령씩과…
- 『세종실록』 세종 7년(1425) 4월 1일

역마를 보내어 권경우權景祐를 불러들여, 자주 철릭紫紬帖裏과 흑사피화黑斜皮靴 각 1건을 하사하고 이어서 강릉江陵에 있을 적의 간고艱苦한 상황을 물었다.
- 『연산군일기』 연산군 5년(1499) 2월 18일

고려 말부터 사용되었던 철릭은 15세기에도 여전히 사용되었습니다. 이 시기 군무에 관련된 복장을 '융복'이라고 칭하기 시작하였는데, 이는 철릭과 부속장구를 착용한 상태를 말하는 것으로 보입니다.

15세기 철릭은 손을 덮을 정도로 긴 소매를 가지되 너비는 좁아 활을 쏘는 등 활동을 할 때 소매를 당겨 묶어 사용하거나, 소매를 탈착식으로 분리하여 사용할 수 있도록 하였습니다. 또 이때에는 허리 부분에 끈을 대거나 천을 접어 대어서 견고하게 만든 철릭이 있는데, 이를 요선철릭이라고 합니다.

이때에는 유청색, 남색, 자주색, 대홍색 등 취향에 따른 다양한 색의 철릭이 사용됩니다.

김흠조(1461~1528) 묘 출토 철릭

변수(1447~1524) 묘 출토 요선철릭

15~16세기의 방령의

1. 종사관從事官과 군관軍官 내에서 갑옷과 투구가 없는 사람은, 군기시에 간직한 것을 제급題給하고, 아울러 녹비 오자鹿皮襖子도 주도록 한다.

- 『성종실록』 성종 10년(1479) 윤 10월 4일

북정 부원수北征副元帥 성준에게 필단 유철릭 1개, 겹철릭 1개, 유오자襦襖子 1개,…(중략)…하사하고, 남도 절도사南道節度使 변종인에게 유철릭 1개, 유오자 1개, …(중략)…을 하사하고는, 전교하기를,
"이 물건을 선위사宣慰使가 가지고 가서 나누어 주도록 하라.

- 『성종실록』 성종 22년(1491) 8월 24일

심의深衣, 도포道袍, 직령直領, 철릭貼裏, 방의方衣를 입고, -의복의 제도는 한두 가지가 아니며, 색깔 역시 여러 가지이다.

- 『학봉집(16세기 말)』 제6권 / 잡저, 조선국의 풍속에 대한 고이考異

조선 초기 각종 무인석상에서 확인되는 복식인 방령의方領衣는 철릭 위에 덧입는 짧은 반비에 각진 깃(방령)을 가진 옷으로 당대에는 오자襖子, 방의方衣 등으로도 불렀던 것 같습니다.

무관의 출토복식에서도 여럿 출토되며, 무인석상에도 방령의를 착용한 예가 여럿 확인되는 만큼, 조선 초기 무관이 융복 차림을 할 때 방령의를 덧입는 경우가 많았을 것으로 보입니다.*

방령의의 형태는 앞은 길며 뒤는 짧은 전장후단형이며, 길이는 저고리 정도로 짧습니다. 15세기부터 16세기 후반까지 큰 변화 없이 이어져 내려왔는데, 송효상(1430~1490)과 신여관(1530~1580) 묘 출토 방령의에서 볼 수 있습니다.

송효상 묘 출토 방령

소모자

소모자는 앞에 서술하였듯 조선에서는 감투라는 이름으로 립이나 관모 등에 받쳐 쓰는 모자였지만, 각종 무인석상에서 방령의, 철릭차림의 무인들이 소모자를 쓴 모습을 관찰할 수 있습니다.*

무인석상이라는 특성을 감안해야 하겠지만, 해당 무인석상들은 철릭과 방령의 등 현실 의복의 특성이 반영된 바 소모자의 착용도 현실을 반영했을 것으로 추측할 수 있습니다.

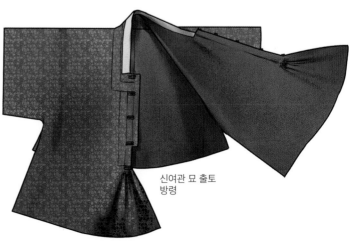

신여관 묘 출토 방령

---

*이은주, 송미경(2012), 조선시대 사대부 묘역의 무인석상 복식에 대한 고찰, 한복문화 15-2

15~16세기의 답호

아청 목면 단원령(단령) 각각 1개, 초록주 겹답호 각각 1개, 대홍주 남요선 겹철릭 각각 1개, 백저포 철릭 각각 1개, 백초 삼아衫兒(저고리) 각각 1개, 백초 단고單袴(홑바지) 각각 1개, 백록피 협금 기자화白鹿皮挾金起子靴·전정 흑사피 투혜구氈精黑斜皮套鞋具 각각 1개, 흑초립 각각 1개, 백첩선白貼扇 각각 30파把, 안구마鞍具馬 각각 1필 씩이었는데, 두 사신이 모두 꿇어앉아 받고 치사致謝하였다.

- 『성종실록』 성종 12년(1481) 5월 16일

답호褡穫는 철릭 위에 덧입는 반팔형의 겉옷입니다. 조선 초기에 관복의 받침옷이나 겉옷으로 널리 사용되었습니다. 답호의 만듦새는 동시기 겉에 입는 단령의 형태와 유사하지만, 소매가 짧고 깃이 직령인 차이가 있었습니다. 17세기경부터 관복의 받침옷으로 답호 대신 소매가 달린 직령이 사용되며 받침옷으로써 답호의 사용은 사라집니다.*

1884년 갑신의제개혁 때 마주보는 둥근 깃이 달린 전복戰服을 답호라고 칭하게 되는데, 이후로 전복과 답호의 구별이 허물어져 오늘날에는 두 옷을 혼동하여 부르는 경우가 있습니다. 그러나 본래 전복은 후술할 군복차림에 입는 소매가 없는 겉옷이었고, 답호는 주로 조선 초기에 사용한 철릭 위에 착용하는 겉옷이자 받침옷이었으므로 구별하여 부르는 것이 좋겠습니다.

변수(1447~1524) 묘 출토 답호

정응두(1508~1572) 묘 출토 답호

*송미경(2009), 조선시대 답호연구, 복식 59-10

16세기의 융복

"남색 비단 철릭 하나, 흰 명주 과두 하나, 협금 백록비 화자挾金白鹿皮靴子 하나를 상의원으로 하여금 시급히 만들어 들이게 하라. 순변사에게 내리려는 것이다."
- 『중종실록』 중종 23년(1528) 4월 11일

"전에 평안 감사로 있을 적에 홍단 철릭紅緞帖裏을 겉에 입으니 보는 사람이 모두 놀랐습니다. 홍단을 겉에 입는 것은 임금의 의장儀章인데 이양이 감히 범하였으니 이런 짓을 오히려 할 수 있다면 무슨 짓인들 하지 못하겠습니까."
- 『명종실록』 명종 20년(1565) 1월 13일

16세기 철릭은 사치 풍조의 영향으로 소매가 넓어지고 옷자락이 땅에 가깝게 내려오며 비단으로 된 것도 많아지게 됩니다. 1537년 그에 대하여 의복 개정이 있었지만 관직자에 한하여 실시하였고, 오랜 기간 유지하지 못한 것 같습니다. 결국 소매 넓은 철릭이 다시 유행하였는데, 이는 임진왜란 때 많은 지적을 받아 1593년 선조의 명령으로 중국의 제도를 따른 융복이 도입됩니다.

이언충(1524~1582) 묘
출토 철릭

정응두(1508~1572) 묘
출토 철릭

철릭의 색은 정해진 바가 없었으나, 일반적으로 초록색이나 남색 비단이 고위 관리들에게 사용된 듯하고, 홍색 비단 철릭은 관복의 받침옷으로 사용하기도 하나 겉에 입는 것은 왕의 것이라 금기시되었던 것으로 보입니다.

16세기 말~17세기 초의 방령의

예조가 관복 제도를 입계하니, 상이 분부하였다.

"우리나라는 매양 형식만을 일삼는다. 일전에 우선 의모衣帽부터 개정하라고 전교한 것은 이를 말함이 아니었으니 이런 관복까지 할 필요는 없다. 중국인들은 매양 넓은 옷자락과 큰 소매에 머리에는 큰 모자 쓰는 것을 비웃어 왔으며, 유 원외劉員外는 심지어 개혁하라는 공문까지 보내왔다. 이제 중국 제도를 따라 상하 인원의 관복 이외에 융복과 속옷은 모두 소매를 좁게 하고, 금군 이하 공·사천은 모두 작은 모자를 쓰고 초립을 쓰지 못하게 할 것이며, 전립氈笠을 쓰는 것은 금하지 말라. 다시 마련하여 아뢰라."

– 『선조실록』 선조 26년(1593) 6월 1일

16세기 말 방령의方領衣는 소매가 길어지고 길이도 길어집니다. 이때 임진왜란이 있었고 명나라의 군사제도를 도입하는 등 여러 영향을 받았으므로, 방령의 또한 명나라의 방령형 군사복식인 조갑罩甲의 영향을 받은 것으로 보입니다.

이러한 방령의는 여전히 무관에게 일반적인 군사 복식이었을 것이나, 17세기 군복에게 자리를 내어 주게 됩니다.

이응해(1547~1626)
묘 출토 방령의

박장군 묘 출토 방령의

16세기 말~17세기 초의 방령포

예조가 아뢰기를,

"우리나라 우립羽笠의 제도를 중국 사람들이 몹시 비웃습니다. 대개 깃을 꽂는 것은 오랑캐 풍속에서 나온 것으로 중국 사람들은 조례와 천역賤役들만이 전립氈笠 위에 깃 한 개를 꽂을 뿐입니다. 그리고 중국 사람들은 전쟁에 나아갈 때에만 소매가 좁은 옷을 입고, 그 외에는 비록 융복戎服일지라도 옷소매에 일정한 제도가 있어 너무 좁게 하지 않습니다.

더구나 상께서 입으신 융복은 바로 중국에서 말하는 괘자掛子입니다. 이 옷은 오직 잡역雜役들이 입는 것인데 상께서 입으시니 지극히 미안스럽습니다. 내일 성을 순행하실 때에는 깃을 꽂지 마시고, 또한 우리나라 철릭帖裏을 입어 이 뒤로부터는 상규常規로 삼으소서."하니, 전교하기를,

"백 리만 가도 풍속이 다른 법인데 깃을 꽂는 제도의 유래가 이미 오래 되었으니 고칠 필요가 없다…"

- 『선조실록』 선조 30년(1597) 9월 6일

16세기 말엽 방령의 변화와 함께 방령포方領袍도 출현합니다. 방령포는 긴 소매와 긴 길이를 가진 방령의로, 추울 때 방령의 대신 착용하였을 것으로 보입니다.

조경(1541~1609)묘
출토 방령포

단국대학교 석주선기념박물관 소장
무연고 묘 출토 방령포

17세기 당상관의 융복

의주에 있을 때, 어전에 출입할 때나 시위侍衛할 때에 공경 이하가 모두 갓을 쓰고 칼을 찼으며 철릭과 사대絲帶를 걸치고, 화가 없는 사람은 짚신을 신었다. 황상皇上이 마침 은폐銀幣를 하사하여 상은 호종하는 신하들에게 나누어 주었는데, 중국의 물건도 차차 나오게 되었다. 검푸른 빛깔의 삼승포를 사다가 만든 철릭을 상품복上品服이라 하였다.…(중략)…갑오년(1594) 이후로는 조정 관리의 철릭에 간혹 색이 있는 비단을 썼고, 삼승포는 아전들의 옷이 되었다.

– 『갑진만록(17세기 초)』

"변란을 겪은 후 의관이 탕실되어 조정의 반열이 모두 입笠과 융복戎服을 착용한다. 그런데 그 복색이 각각 취향에 따라 달라서 한 반열 안에서도 반란斑爛하게 색깔이 다르니, 이것은 보기에 좋지 않을 뿐만이 아니다.…(중략)…지금 마땅히 난이 평정되고 관대를 갖출 때까지는 당상堂上은 평소와 같이 남색을 쓰고, 당하堂下는 베[布]에다 흑색을 물들여 쓸 것이며 자황색은 일체 엄금하라. 만약에 흑색으로 염색하는 것이 쉽지 않거든 절반쯤 청색으로 염색하는 것이 마땅할 것 같다. 이것은 장만하기가 어렵지 않을 것이니 해조該曹(해당 관청)로 하여금 참작해 의논하여 조처하게 하라."

– 『선조실록』 선조 29년(1596) 3월 2일

"신들의 생각에는 실로 전처럼 후대하여 별도의 지급은 전례대로 하고, 이 밖에 마미홍립馬尾紅笠, 남단철릭藍段天益, 홍사광대紅絲廣帶, 흑화자 따위를 별도로 사급한다면…"

– 『승정원일기』 인조 7년(1629) 2월 28일

1592년 임진왜란 발발 이후 모든 관리가 융복 차림을 하게 됩니다. 『갑진만록』에 의하면 전쟁 초 의주에 있을 때 중국에서 산 검푸른 색 삼승포를 철릭에 사용하기 시작하였고, 1594년 경에는 고위 관리는 다양한 색의 비단 철릭을 간혹 사용하였으며, 하급 관리만이 삼승철릭을 사용하였습니다.

이홍망
(1572~1637)
묘 출토 철릭

신경유(1581~1633) 묘 출토 철릭

1596년 당상관은 남색 철릭을 사용하고 당하관은 흑색이나 청현색의 철릭을 사용하는 제도가 처음으로 생겼습니다. 좀 더 구체적인 내용은 1629년 호차 중남에게 지급한 물목을 보면 알 수 있는데, 홍색 말총갓, 남색 비단철릭, 홍색 광다회, 흑화자로 이루어져 있습니다.

철릭의 형태

철릭의 형태에 있어서는 1593년 중국의 제도를 따르라는 선조의 명령이 있었는데, 실제 유물도 명나라 철릭의 모양새에 가까워졌습니다. 이때의 철릭은 상의의 길이가 줄어들고 치마의 길이가 길어졌으며, 소매의 너비도 비교적 줄어들었습니다. 또한 이홍망 철릭과 같이 치마 아랫단까지 날카롭게 주름을 잡은 철릭이 이때부터 사용됩니다.

17세기 당하관의 융복

이경석이 병조의 말로 아뢰기를,
"친림하여 관무재觀武才를 행할 때 당하관의 복색服色은 모두 홍의紅衣, 우
립羽笠 차림으로 수가하도록 예조에서 이미 정탈定奪하여 계하 받았습니
다. 다만 생각건대 홍의와 우립은 갑자기 마련할 수 있는 물건이 아니고 서
울에 있는 무부武夫의 살림살이가 가난하니 며칠 안에 구비할 길이 없으
므로 또한 염려스럽습니다. 선전관 외에 금군과 사관射官 등이 만일 홍의
와 우립을 얻지 못하면 평상시에 착용하는 융복戎服 차림으로 입참入參하
는 것도 무방할 듯합니다. 이런 뜻으로 정탈하여 시행하는 것이 어떻겠습
니까?"

- 『승정원일기』 인조 7년(1629) 7월 25일

1596년 당하관은 흑색이나 청현색 철릭을 사용하는 제도가 시작됩니다.
1629년 관무재부터 당하관이 홍색의 철릭을 사용하는 제도도 시작되는
데, 이후 관무재 외에도 사용범위가 늘어나 성외에 거동할 때마다 당하관
은 홍색 철릭을 착용하도록 합니다.
실제 유물로 신경유(1581~1633) 묘 출토 철릭이 있는데, 검은 명주로 만들
었고 좌우 옆선이 트여있어 세 자락으로 되어 있습니다. 다른 철릭에도 드
물게 좌우가 트여있는 것이 있는데, 활동성을 위하여 트이게 만든 것이 아
닐까 싶습니다.

신경유(1581~1633) 묘 출토 철릭

18세기 당상관의 융복

융복의 갖춤으로는, 붉은 말총갓(자종립紫騣笠)에 호수虎鬚와 공작우, 전우巔羽, 방우旁羽로 꾸미고 밀화갓끈蜜花纓[혹은 비단을 쓰고 산호 격자珊瑚格子를 찬다.] 을 달며 남사철릭藍紗綴翼을 입으며 [당하관은 검정 말총갓과 철립鐵笠에 수정영 水晶纓을 꾸미며 푸른 모시 철릭과 녹색 다회띠를 띤다.] 붉은 다회띠와 만선호항 滿縇護項 [쥐가죽으로 만들며 담비를 댄다.], 활집, 화살통[활 하나, 대우전大羽箭 5 개, 체전體箭 10개, 통 하나, 누른 수건 하나이다.], 패검佩劍[금·은으로 장식하고 붉은 가죽띠를 한다.], 등편藤鞭[은으로 장식하고 검정 깁 수건이 있다.], 수화자水 鞾子[비가 올 때에는 유혜자油鞋子를 신는다.], 팔찌[비단으로 만든다.], 깍지角指가 바로 그것입니다.

- 『다산시문집 제9권』 / 의議, 공복公服에 대한 의

『속대전(1746)』에서는 당상관(정3품 상계 이상의 관료) 융복의 갖춤으로 자립과 패영, 남색 철릭을 갖추도록 규정하였습니다.

18세기 철릭은 소매 넓이가 넓어지고 하상의 길이가 더 길어지며 고름 수가 2개에 서 1개로 줄어듭니다. 이 시기 띠를 착용하는 위치가 높아지며 겨드랑이에 띠를 걸 기 위한 고리가 달리기도 합니다.

이혁 (1661~1722)
묘 출토 철릭

이진숭 (1702~1756)
묘 출토 철릭

18세기 당하관의 융복

홍낙성이 아뢰기를,
"옷소매의 치수는 법전에 있습니다. 그런데 근래 옷소매가 넓어져서 고제古制에 맞지 않는 점이 있기 때문에 지난번 회계回啓할 때 부주附奏한 적이 있습니다. 신은 소매를 넓게 하는 시속의 제도를 평소 받아들이지 않았기 때문에 반드시 치수대로 만들어 입었습니다. 이미 만든 옷은 다시 마름질할 수 없지만 새로 만드는 옷은 치수대로 재봉하게 할 수 있으니 어려운 일이 아닙니다. 하례下隸들의 철릭帖裏 소매로 말하면 되도록 넓게 만들어 더욱 폐단이 되기 때문에 먼저 신이 데리고 다니는 하례부터 엄히 막아 금지시켰습니다."하여, 내가 이르기를,
"경들부터 이렇게 앞장서면 자연스럽게 고제를 점점 회복할 수 있을 것이다."
- 『일성록』 정조 17년(1793) 11월 5일

『속대전』에서는 당하관(정3품 하계 이하의 관료) 융복의 갖춤으로 흑립과 정영, 청현색 철릭을 갖추며, 교외동가 시에는 홍색 철릭을 갖추도록 규정하였습니다. 이때 당하관의 철릭은 「안릉신영도(1785)」, 「동래부사접왜사도(19세기)」 등에서 볼 수 있는데, 당상관과 같이 넓은 소매를 가진 것을 알 수 있습니다. 그 이하 수행원들의 철릭은 소매가 좁으며 옆선이 트여있어 차등을 두었음을 알 수 있습니다.

당하관 청현색 철릭

당하관 홍철릭

19세기 당상관의 융복

대왕대비전이 전교하기를, "지금부터 조신朝臣의 융복戎服은, 철릭帖裏은 구례대로 품계에 따라 하도록 하고, 호수虎鬚·주립朱笠·패영貝纓은 영구히 삭제하고 칠사립漆紗笠으로 마련하며, 철릭 안에는 군복을 입어 구례의 정식을 복구하라."하였다.

- 『승정원일기』 고종 1년(1864) 7월 10일

전교하기를, "사치의 폐단에 대하여 이미 신칙한 바가 있으나, 장복章服에 이르러서는 되도록이면 아름다움을 다하지 않으면 안 된다. 그 의식을 이미 자성慈聖께 여쭈었다. 조신朝臣의 융복에 쓰는 주립朱笠의 호수虎鬚와 패영貝纓을 모두 옛 규례를 회복하도록 하라." 하였다.

- 『승정원일기』 고종 11년(1874) 5월 25일

전교하기를, "경외의 융복戎服을 오늘부터 모두 다 군복으로 대용하라. 군무軍務 외에는 흑단령黑團領으로 하라." 하였다.

- 『승정원일기』 고종 20년(1883) 1월 28일

19세기에도 여전히 융복을 사용하나, 1864년 호수, 주립, 패영이 폐지되고 칠사립으로 대체되었다가 1874년 복구되는 등 곡절을 거칩니다. 그러다 개항 이후 1883년에는 융복이 완전히 폐지되며 군복으로 대체됩니다. 형태에 있어선 크게 변화가 없다가 19세기 중반에 철릭의 형태가 변하여 고름의 위치가 중앙에 가까워지며 깃의 형태도 둥그레깃으로 변화합니다.

흥완군 (1814~1848)
유품 철릭

윤용구(1853~1939)
유품 철릭

19세기 당하관의 융복

1. 능에 거둥할 때 문관·음관·무관의 당하관은 붉은 철릭도 홍포紅袍로 변통하는 예에 의하여 지금부터는 청저靑苧의 철릭으로 개용改用하되, 경직京職과 외직外職을 논하지 말고 홍색紅色 철릭은 하나같이 모두 금지할 것.

- 『순조실록』 순조 34년(1834) 5월 16일

"…연전에 청색으로 변통한 것은 그것이 비록 절약하는 뜻에서 나왔더라도 이제 이것을 특교特敎로 하문하심은 실로 구규舊規를 준행하려는 성념聖念이 됩니다. 신의 생각으로는 당하관이 교가郊駕를 시위할 때는 다시 홍색 철릭을 그 전대로 준행하는 것이 마땅할 것 같습니다."하니, 그대로 윤허하였다.

- 『헌종실록』 헌종 8년(1842) 9월 5일

당하관의 철릭도 큰 변화가 있지는 않았는데, 1834년에 성 외 거둥 시 착용하는 홍색 철릭을 폐지하고 청색 모시 철릭으로 대신하였다가 1842년에 다시 홍색 철릭을 사용하도록 합니다. 이후 1883년에 융복이 폐지되며 당하관의 철릭도 없어집니다.

단국대학교
석주선기념박물관
소장 별감철릭

당하관 청현색 철릭

가죽의 종류

털가죽

털가죽(모피毛皮)은 동물에게서 벗겨낸 생가죽에서 기름을 제거하되 털은 남겨 보온성이 좋게 한 가죽입니다.

담비 가죽(초피貂皮)은 당상관의 방한구와 갖옷 등에 사용하였고, 당하관은 청설모 가죽(서피鼠皮)을 사용하였는데, 16세기에는 일본산 수달 가죽(왜달피倭獺皮)도 많이 사용되었으나 금지되는 등 곡절이 있었습니다.

관원이 아닌 계층의 털가죽 제한은 1553년부터 시작되었는데, 여우 가죽(호피狐皮), 너구리 가죽(산달피山獺皮)은 군사, 서얼, 이서 등이 사용하였으며, 염소 가죽(산양피山羊皮), 개가죽(구피狗皮), 고양이 가죽(묘피猫皮), 살쾡이 가죽(이피狸皮), 토끼 가죽(토피兔皮)은 그 외 모든 계층이 사용하였습니다.

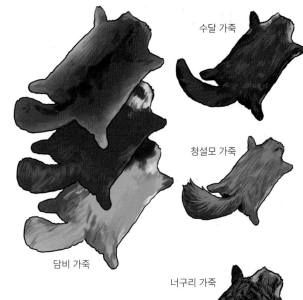

수달 가죽

청설모 가죽

담비 가죽

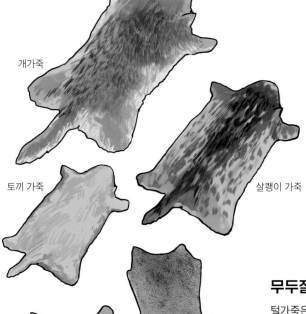

개가죽

토끼 가죽

살쾡이 가죽

너구리 가죽

여우 가죽

물고기 가죽

무두질 가죽

옻칠 가죽

무두질한 가죽

털가죽은 방한 용도로 널리 쓰였지만, 가죽을 내구성 있는 소재로 활용하려면 털을 뽑아 무두질을 해야 했습니다. 털가죽에 연기를 쐬거나, 닭똥을 바르거나, 명반과 소금을 탄 물에 담가 두는 등의 처리로 기름기를 제거한 후, 무두칼로 오랜 시간 문질러 부드럽게 만드는 과정을 거쳐야 했는데, 이를 무두질이라 했습니다.*

연기를 쏘인 사슴 가죽(연록피鹿皮), 고라니 가죽(궤자피麂子皮)은 상대적으로 귀하였으며, 소가죽(우피牛皮), 돼지가죽(저피猪皮)은 보다 널리 사용되었습니다.

물고기 가죽(어피魚皮)은 복식품보다는 안장, 검 등을 싸는데 활용되었는데 주로 상어나 가오리 가죽이 사용되었습니다.

갑주나 기물에서는 무두질한 가죽에 옻칠을 하여 검고 단단하게 만든 가죽이 주로 쓰였습니다.

*안보연, 홍나영(2008), 우리나라 모피와 피혁 복식의 제작과정과 기술,
복식 Vol.58, No.8, 63~73

03

군복의
변천

武備

군복의 구성

군복은 임진왜란 이후 등장한 군사복식으로 전립, 전복, 협수, 요대, 전대, 광다회 등으로 구성됩니다. 군사와 하급 무관부터 입기 시작하여 19세기에는 완전히 융복을 대체하게 됩니다. 개항기에는 외국의 군사복식을 받아들여 변화하기도 합니다.

전립

전립

전립氈笠, 戰笠, 벙거지은 전으로 된 갓으로, 조선 초기에도 사용하였으나 17세기경 일반 갓과 분화되어 형태가 달라집니다. 안감을 댄 전립은 '안올림벙거지'라고도 호칭하였습니다.

협수

협수挾袖는 소매가 좁고 좌우와 등 뒤가 트인 소창의 형태의 옷입니다. 군복을 착용할 때 협수를 착용하고 위에 전복을 덧입었습니다. 홍색 소매를 덧달았기에 '동다리同多里'라고도 불렀으며, 전복과 협수를 합하여 하나로 만든 것은 동다리군복이라고 합니다.

협수

전복

전복

전복戰服은 협수 위에 입는 겉옷입니다. 이 전복을 부르는 명칭은 군복, 쾌자, 답호 등 여러 가지 있었는데, 형태상 유사하여 당대 사람들도 확실히 구분했는지는 알기 어렵습니다. 오늘날엔 전복 중 방령형으로 각진 깃이 있는 것을 따로 쾌자快子(괘자褂子)로 분류하기도 합니다.

요대, 전대, 광다회

요대腰帶는 군복에 착용하는 띠로 넓은 너비를 가지고 있습니다. 요대만 착용하는 경우는 없고, 일반적으로 요대 위에 전대나 광다회를 찼습니다.
전대纏帶, 戰帶는 군복에 착용하는 띠로 요대보다는 좁은 너비를 가지고 있습니다. 띠돈을 달아 병부주머니나 장도를 패용하였습니다.
광다회는 동개나 도검을 패용할 때 사용하였습니다.

광다회

전대

요대

군복의 띠

전대

전대는 앞서 2장에서 설명한 바와 같이 나선형으로 돌려가며 옷감을 접어 만드는 허리띠입니다. 군복의 전대는 대부분 청색~남색이 사용되었습니다. 본래 짧고 좁았던 전대는 18세기 말~19세기가 되면 무관의 전대는 3~4m 정도로 매우 길어지며 넓어집니다.

요대

요대는 군복 위에 두르는 넓은 띠로, 『무예도보통지(1790)』 마예관복도설에서는 과두라고 부르기도 합니다. 요대는 두꺼운 종이로 심지를 만들고, 직물로 싸 제작합니다.

착용 시엔 요대 안쪽의 속대를 띠고리와 연결한 후, 바깥쪽의 대를 묶어 오른쪽 겨드랑이 아래에 착용합니다. 요대 위에 전대나 광다회를 차는데 그냥 차면 미끄러지기 쉽기에, 뒤쪽 상단에 고리나 단추가 달려있습니다. 고리나 단추 위에 전대나 광다회를 걸쳐 찹니다.

홍우협 요대는 소유자의 품계가 당하관이었음에도 직금용문단을 사용하였는데, 예외적인 사례이긴 하지만 경우에 따라 당하관도 직금단을 사용하였다는 것을 알 수 있습니다. 「철종 어진」 등에서 볼 수 있는 왕실 요대는 금실과 다양한 색실로 용문양 자수를 한 화려한 모양입니다.

유물에는 각종 보문, 운문, 원용문의 비단이나 우단으로 된 요대가 가장 많습니다. 1794년에는 천총에게 천청만자문요대天靑萬字紋腰帶가 사급된 바 있으며, 금군의 경우 소속 번의 방위색에 따른 비단 요대를 사용했으며, 마병 등 병졸의 요대는 더 저렴한 직물이 사용되었을 것입니다.

초기 전대

19세기 전대

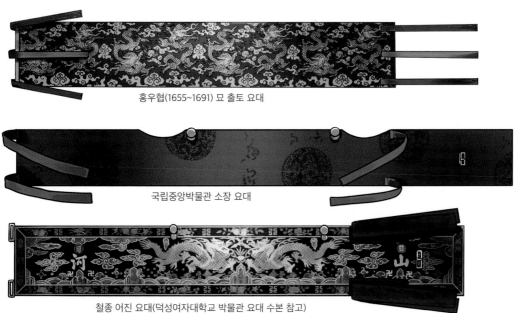

남이흥(1576~1627) 요대

홍우협(1655~1691) 묘 출토 요대

국립중앙박물관 소장 요대

철종 어진 요대(덕성여자대학교 박물관 요대 수본 참고)

전립

전립은 임진왜란 이후 군복의 모자로 널리 보급되었으며, 형태도 18세기 초가 되면 일반 갓과는 다른 뾰족한 모양이 됩니다. 무관의 경우 양모 등의 좋은 전을 사용하고 안감을 댄 안올림벙거지를 사용하였지만, 병사들의 전립은 돼지털 등을 사용하여 더 거친 모양새입니다.

전립의 삽우

전립에도 각종 장식을 달았는데, 붉은색 술인 상모를 달기도 하였고, 전우와 공작우 같은 깃털을 달기도 하였습니다.

전우轉羽는 공작의 꽁지깃이나 다른 새의 깃털 등을 엮어 만든 깃털 장식입니다. 일반적으로 청색 전우가 많이 사용되었지만, 금군이나 훈련도감 마병, 난후별대는 각각 소속 번, 소속 열의 방위색을 따른 흰색이나 황색, 청색의 전우를 사용하였습니다.

공작우孔雀羽는 공작의 깃털 장식입니다. 무관이나 주요 병졸의 전립 장식으로 많이 사용되었습니다.

상모象毛는 전립에 매다는 홍색 술 장식입니다. 상모는 『세종실록 오례(1450)』에 기록된 첨주나 무인석상 등에서 볼 수 있어 조선 초기부터 사용된 것을 알 수 있습니다. 조선 후기에는 문관은 전립을 쓰더라도 상모를 달지 않아 무관과 구별을 두었습니다.*

청전우　　공작우　　상모

견영

밀화 패영

이창운 초상의 갓끈

전립의 갓끈

전립에도 물론 갓끈이 있었는데, 처음에는 주영만 사용하다 후대에 견영, 패영이 사용된 것으로 보입니다.

「이삼 초상(18세기 초)」에서는 주영만이 사용된 데 반하여 「이창운 초상(1782)」에서는 견영과 밀화 갓끈을 같이 맨 것을 볼 수 있습니다. 전립의 밀화 갓끈은 턱에 딱 맞을 정도의 길이로 되어있어, 길게 늘어뜨린 갓의 구슬 갓끈과는 차이가 있습니다.

전립의 정자

정자는 전립의 꼭대기에 다는 장식으로 갓의 경우와 같이 옥로를 달기도 하였으며, 무관의 경우 금이나 은으로 된 정자를 달았습니다. 나무나 말총, 끈으로 된 정자는 일반 군사의 전립에 많이 사용되었습니다.

옥로　　　　　금동정자

나무정자　　말총정자　　끈정자

전립의 징도리와 귓돈

징도리徵道里는 전립의 모자와 양태 사이에 매는 끈입니다. 주로 홍색이나 자색, 흰색으로 짠 다회끈이며, 보통 2줄이고 뒤통수에서 매듭을 짓습니다.

귓돈(이전耳錢)은 전립의 좌우에 다는 장식입니다. 18세기부터 달기 시작한 것으로 보이며, 밀화, 활석이나 나무 등 여러가지 소재의 귓돈이 있었습니다

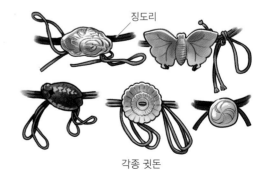

징도리

각종 귓돈

---

*박가영(2017), 조선시대 군사복식의 홍색 상모(象毛), 아시아민족조형학보 Vol.18, 5~28

전립의 변천

17세기의 전립

서북 사람들이 많이 전립을 썼으니 대개 오랑캐 풍속에 가까운 때문이었다. 무오년 요동으로 들어가 전쟁할 때에 국내에서도 혹 전립을 쓰는 자가 있고, 그것을 서로 본받아서 사방으로 번지게 되었다. 정묘호란 때에는 사대부도 혹 썼으며 무인들은 대관이라도 모두 전립을 쓰지 않는 사람이 없었다. 전립氈笠을 혹 '전립戰笠'이라고도 하니, 이것이 곧 전쟁이 있을 징조이던가.

- 『연려실기술』 별집 제13권 / 정교전고

북새선은도의 전립(1664)

조선 초기에도 군사들에게 전립을 착용하게 하는 경우가 있었으나, 군사와 무관들이 군복에 쓰는 모자로써 확실히 정착한 것은 17세기경으로 보입니다. 이때 전립은 「동국신속삼강행실도(1617)」, 「북새선은도」에서 확인할 수 있는데, 형태는 당대 갓과 크게 다르지 않으나 위에 홍수를 달고, 홍색이나 청색, 자주색의 안감을 대었습니다.

18세기 초반의 전립

18세기 초반 갓의 대우가 원통형으로 변화하며 전립과 형태가 분화되는데, 이때의 전립은 갓에 비하여 양태가 좁고 대우 상단이 뾰족한 형태가 됩니다. 청색, 자주색의 안감을 대었으며, 「이삼 초상」 등의 회화자료에서 확인할 수 있습니다.

숭정전연회도의
전립(1710)

이원기로회화첩의
전립(1730)

이삼 초상의 전립
(18세기 초)

무예도보통지의
전립(1790)

이창운 초상의 전립
(1782)

기축진찬의궤의 전립
(1829)

18세기 후반~19세기 초반의 전립

18세기 후반~19세기 초반에는 갓을 따라 양태가 넓어지고 높이가 높아져 더 뾰족해진 모양의 전립이 사용됩니다. 밀화 갓끈과 귓돈 등의 장식도 달려 아주 화려해집니다.

양전립

양전립凉戰笠(종전립騣戰笠, 총전립驄戰笠)은 갓을 만드는 방식과 유사하게 말총과 대나무로 만든 전립으로, 17세기 중반부터 사용되었던 것으로 보입니다.*
본래 군사나 마부 등 낮은 계층도 사용하였으나, 18세기 중반 군병의 착용이 금지되었습니다.** 1750년에는 무관, 1864년에는 문관의 양전립 착용이 금지되는 일이 있었지만, 19세기 후반 수신사의 군복 사진에서 확인되며 유물 또한 남아있어 여러 차례의 금지에도 불구하고 계속 사용되었음을 알 수 있습니다.
이 양전립의 형태는 신윤복의 「월하정인」이나 「철종 어진」에서 확인할 수 있으며, 다른 전립과 비슷하지만, 갓처럼 안쪽이 비치고 모자 정상이 평평하다는 특징이 있습니다.

월하정인의
전립

철종어진의
전립

---

*「승정원일기」 인조 26년(1648) 12월 12일 "제주에 총전립(驄戰笠)의 값을 물었더니…"
**「승정원일기」 영조 25년(1749) 9월 21일 "근래에는 모두 종전립(騣戰笠)을 착용하는데,
　내가 지난번에 모전립(毛戰笠)을 착용하라고 하교한 바 있다…"

무신진찬의궤의 전립(1848)

로텐바움세계문화예술박물관
소장 전립

19세기 후반
전립

19세기의 전립

19세기 중반이 되면 전립의 대우가 둥글어지며, 갓을 따라 양태가 크게 넓어집니다.

19세기 후반에는 갓을 따라 다시 양태가 좁아지며, 공작우가 홍수와 함께 뒤에 머물렀던 이전과 다르게, 홍수는 뒤에있지만 공작우는 앞으로 빼는 관습이 확인됩니다.

1880년대의 전립

"옛날 각영各營의 군병들은 각각 요패腰牌를 찼고, 중고中古의 친군親軍의 경우는 모자의 앞면에 이름을 썼는데…"
- 『승정원일기』 고종 37년 경자(1900) 3월 18일

1880년대 새로운 양식의 군복이 도입되며 전립의 제도도 변하였는데, 이때 전립은 둘레에 붉은 띠를 두르고 전면에 세로로 띠를 대어 이름과 소속을 적었으며, 모자 정상엔 끈으로 된 정자를 달았습니다. 이때의 전립은 로텐바움세계문화예술박물관에 한 점 소장되어 있습니다.

로텐바움
세계문화예술박물관
소장 전립

병사 전립(추정)

호건

임진왜란 직후 명나라 제도를 따라 도입한 모자인 호건號巾은 호의號衣와 함께 쓰는 모자입니다. 17세기 진중에서 쓰는 모자로써 널리 착용되었습니다.

그 제도가 자세히 전하지 않아서 불확실하지만, 『무예도보통지(1790)』에서는 '감투'라는 이름으로 상단이 뾰족한 소모자를 무예 복장으로 제시하는데, 상투에 끈을 묶어 착용하면 『왜구도권』 등에 그려진 명나라 남병과 유사합니다. 무예도보통지에 그려진 감투가 호건이 아닐까 싶습니다.

호건(추정)

전건

전건戰巾을 쓰고[모단으로 안을 대어 꿰매어 뒤는 모이고 위는 서로 붙였으며, 앞과 뒤가 네모나고 곧게 내려갔으며, 좌·우에 세 겹을 접었다. 천의 끝이 그 뒤로 늘어지며, 모두 금金으로서 종횡으로 갑옷 비늘 모양[札]을 그렸다. 이것은 본국군(훈련도감군)만이 쓰고 다른 영에서는 전건을 쓸 자라도 전립으로 대신한다.]
- 『만기요람(1808)』 군정편 2 / 훈련도감 복착

전건은 17세기 중반 등장하여 17세기 후반 호건을 대체한 모자입니다. 초기에는 경기도 속오군이 착용하기도 하였으나, 1709년 전립으로 대신하게 하여 훈련도감만의 모자가 됩니다.

18세기 초반까지 사용된 전건은 「숙종인현왕후가례도감의궤반차도(1682)」, 「효순현빈예장도감의궤반차도(1752)」에서 확인할 수 있는데, 청색 바탕에 드림이 있는 것은 확인할 수 있으나 이때에도 금칠 등 화려한 장식을 하였는지는 확실하지 않습니다.

18세기 후반~19세기의 전건은 흑색 모단에 드림이 있으며 그 위에 금을 입힌 가죽을 대거나 금칠하여 제작합니다. 라이프치히그라시민속박물관, 로텐바움세계문화예술박물관 등에 유물이 남아 있으며 「화성원행반차도」에서도 볼 수 있습니다.*

숙종인현왕후가례도감의궤반차도
17세기 전건(추정)

로텐바움세계문화예술박물관 소장 전건

---

*박가영(2018), 조선 후기 전건(戰巾)의 착용과 제작, 한복문화 Vol.21, No.4, 69~82

군복의 착용 순서

군복을 착용하려면 먼저 협수를 입고 그 위에 전복을 입습니다. 그 위에 요대를 차고 또 그 위에 전대와 다회띠를 차는데, 요대는 생략할 수 있습니다. 거기에 전립을 쓰고 각종 장신구와 무기를 패용하면 됩니다.

전대의 착용법

18세기 초반 「이삼 초상」이 그려질 때만 하더라도 전대를 차는 방법은 옷고름을 묶는 방식과 같은 단순한 외매듭이었지만, 18세기 후반 「이창운 초상」에서는 다른 방식을 사용한 것을 볼 수 있습니다.

「이창운 초상」과 「철종 어진」등에 사용된 착용법은 전대가 넓어지고 커지면서 생긴 착용방식으로 보이는데, 먼저 매듭을 지은 후 남은 두 가닥의 띠를 전대 안 아래쪽으로 밀어넣어 중간 부분만 빼내 고름의 형상을 만들고 늘어뜨린 끈을 조절하여 착용하는 것입니다.

바지저고리

협수 착용

전복 착용

요대 착용

전대, 다회 착용

전립, 장비 착용

1 두 가닥의 띠를 전대 안으로 밀어넣는다.

2 매듭 부분을 가리도록 잘 정리한다.

요대의 착용법

요대는 먼저 속띠를 띠고리와 결합한 후 바깥쪽의 띠를 묶어 착용합니다. 요대 위에 전대나 광다회를 차는데, 요대 뒤쪽에 달린 고리 혹은 단추에 걸어 흘러내리지 않도록 해 줍니다.

「철종 어진」에 나온 방식대로 요대 위에 전대를 착용할 때는 매듭을 짓고 남은 두 가닥의 띠를 요대 아래쪽으로 넣고 요대 위로 빼내어 끈을 조절하여 착용합니다.

1 속대와 띠고리를 연결한다.

2 바깥쪽의 띠를 묶는다.

3 전대와 광다회를 찬다.

17세기 초반 무관의 군복

상이 이르기를,

"우리나라 풍속은 옷소매가 너무 넓은데, 문관은 그렇다고 쳐도 무
사에게는 몹시 유해할 것이다."하니, 이시백이 아뢰기를,

"기묘(1639, 인조17) 연간에 성상께서 이처럼 하교하셨기에 신이
무사들에게 말하였더니, 모두 그 소매를 고쳤으며, 그 복제服制를
좁히도록 하였습니다. 그런데 그 뒤로 점차 그 복제를 변경하여
오늘날 너무 넓어지기에 이른 것입니다."하자, 상이 이르기를,

"호인胡人은 소매를 좁게 하기 때문에 궁시弓矢를 다루기에
편리하지만, 우리나라 장관將官은 모두 소매를 넓게 하니,
설혹 뜻밖의 변고가 있기라도 한다면 어떻게 창졸간에 대
응할 수 있겠는가. 경이 대장이니 군중에 있을 때, 먼저 소매
를 좁게 하여 군졸들을 통솔하라."

-『승정원일기』 인조 26년(1648) 10월 13일

17세기 초반은 군복이라는 의복이 정착되는 시기입니다. 이 시기
출토되는 소매가 없고 긴 방령의와, 남이흥 장군에게 인조가 덮
어주었다고 전하는 답호는 이전에 볼 수 없는 양식의 의복입니다.
이런 옷이 어떤 옷인지는 확실하지 않으나, 무관 계층에서 많이
보이는 것을 보면 역시 호의나 전복의 일종으로 보입니다.

이들과 함께 소창의나 중치막이 발견되는 경우가 많은데, 협수라
고 볼 수 있을 것 같습니다. 소매 형태는 손으로 올수록 좁아지는
착수형과 소매가 약간 넓은 두리소매인 경우가 있는데, 소매가
넓은 경우 탈착식으로 만든 경우가 많습니다.

신경유(1581~1633) 묘 출토 군복
중치막(협수)+방령(전복)

남이흥(1576~1627) 답호(흉배 제외)

17~18세기 무관의 반수포

17~18세기 중반까지 무관에게서 사용된 것으로 보이는 특징적인 복식으로 반수포가 있습니다. 반수포는 당대 전복이나 답호와 유사하지만 소매가 반소매 정도로 나온 옷입니다.

이 반수포에 관하여서 특정하여 언급한 기록은 없으나, 누비로 된 것이 많으며 당대 전복과 유사한 점을 볼 때, 겨울용 군복이 아니었을까 싶습니다.

신경유(1581~1633) 묘 출토 방령포

최숙(1636~1698) 묘 출토 반수포

이진숭(1702~1756) 묘 출토 반수포

17세기 초반 군사의 호의

부사副使에게 문안 온 왜인이 우연히 그대 나라의 조련하는 많은 둔병屯兵
들이 모두 호의號衣·호건號巾을 착용한 것을 보고는 남병이 이미 도착한 것
으로 알고 매우 놀라고 두려워하였다.

— 『선조실록』 선조 28년 을미(1595) 9월 6일

비변사가 도체찰사의 뜻으로 아뢰기를,
"평안병사 유형柳珩의 첩정에 '난리 이후로 경외京外의 마군馬軍이 일시에
모두 폐지되어 각 고을에 신칙하여 마군을 설치하도록 독려하였습니다. 삭
주 부사朔州府使 이경립李景立은 앞장서서 명령을 따라 3대三隊의 기병騎兵
을 즉시 설립하고, 마음을 다해 조련을 하였습니다. 당직當職이 본주에 도
착하여 시재試才를 해보니, 원앙鴛鴦 진법으로 대오를 갖추거나 달려 추격
하고 진퇴하는 것 등이 모두 법도에 맞았으며, 호의號衣가 선명하고 기계
가 정밀하고도 예리하여 자못 볼 만하였습니다. 매우 가상합니다.' 하였습
니다…"

— 『광해군일기』 광해군 2년(1610) 윤 3월 17일

호의, 호건은 명나라 남병의 복장에서 유래된 군사복식입니다. 임진왜란
때부터 창설되는 훈련도감과 속오군 등이 군진에서 이러한 복장을 하였
을 것입니다.

17세기 초반 호의를 그린 유일한 자료인 반차도에선 백색(백색 호의에는
흑색)협수 위에 입는 소매가 없고 길게 내려오는 옷이라는 점 외에 정확한
형태를 알 수 없습니다. 이 그림에서는 후대의 예를 참고하여 방령형으로
추정하여 그렸습니다.

호의의 색은 소속 부대의 방위색을 따르는데, 청색은 왼쪽(좌左), 적색은
앞쪽(전前), 황색은 중앙(중中), 백색은 오른쪽(우右), 검정은 뒤쪽(후後)을
의미합니다.

호의(추정)

인조장렬왕후가례도감의궤(1638)
훈련도감포살수

17세기 초반 군사의 군복

서경우가 병조의 말로 아뢰기를,
"전교하셨습니다. 각 문의 파수 및 포수砲手와 살수殺手는 그 숫자가 많지 않아서 굳이 전진戰陣에 임할 때 소용되는 호의號衣와 호건號巾을 착용할 필요가 없습니다. 그러므로 다른 군사의 예例대로 전복戰服과 전립戰笠을 착용하고 문 옆에 늘어서 있으면서 잡인雜人이 드나드는 것을 금하도록 합니다. 금金의 사자使者가 나왔을 때에 이미 이대로 거행한 적이 있으므로 이번에도 이 예대로 마련하였습니다."
- 『승정원일기』 인조 7년(1629) 윤4월 19일

도감이 올린 계목에,
"원 문건은 첨부하였습니다. 지금 장신이 올린 장계를 보았습니다. 병인년(1626년)에는 반은 전복戰服, 반은 홍의紅衣 차림이었으나 보통 때는 군위차사원軍威差使員이 거느리고 오는 일대一隊가 모두 홍의에 우립 차림으로 잡색雜色 차림이 없었는데, 반은 전복 차림이었다는 것은 어디에 근거한 것인지 모르겠습니다. 더구나 이렇게 변란을 겪은 뒤라 온갖 기물이 탕진된 상황에서는 더더욱 나머지 반에게 홍의를 마련하도록 요구할 수 없으니, 장계대로 모두 전복에 전립을 착용하게 하며, 황해와 경기 두 도의 군위도 차이가 있어서는 안 되니, 두 도의 감사에게도 아울러 공문을 보내는 것이 어떻겠습니까?"하였는데, 그대로 윤허한다고 계하하였다.
- 『승정원일기』 인조 12년(1634) 3월 22일

전복과 전립 또한 이 시기에 등장하였습니다. 전복은 전진에 임했을 때 착용하는 호의, 호건에 비하여 덜 중요한 복식으로 취급되었는데, 호의나 홍의 등 다른 복장에 비하여 쉽게 만들 수 있어 사용이 확대된 것으로 보입니다.
이 그림에서는 김여온(1596~1665) 묘 출토 배자와 후대의 전복을 참고하여 원령형으로 추정하여 그렸습니다.

김여온(1596~1665) 묘 출토 배자

협수, 전복(추정)

17~18세기 초반 당상관의 군복

조현명이 아뢰기를,

"신이 소회가 있어 매번 진달하려고 하였는데, 오늘 군대의 열무閱武에 나왔으므로 감히 아룁니다. 근래 무변武弁의 군복이 넓고 긴 것은 참으로 옛 제도가 아닙니다. 신이 전래하는 옛말을 들어 보니, 이완李浣과 유혁연柳赫然이 대장이었을 때는 무변 중에 군복이 넓고 긴 사람은 무변이 아니라고 하여 앞에 가까이 오지 못하게 하였다고 합니다. 이것은 의복이 넓고 길면 말을 타고 활을 쏘기에 불편하기 때문입니다. 지금은 숭상하는 것이 매우 상반되어 철릭天翼은 거의 관디冠帶와 같고 군복의 소매 너비가 거의 한 자 정도에 이르니…"

- 『승정원일기』 영조 14년(1738) 8월 19일

이 당시 군복은 간혹 소매를 넓게 하여 우려하는 기록이 보이기도 하지만, 일반적으로는 소매가 좁고 활동에 편한 모양이었습니다. 소재에 있어서는 문주나 비단이 쓰이기도 했지만, 사 같은 얇은 직물이 사용된 내용은 찾아보기 어렵습니다.

전복은 단추 2~3개로 여몄으며 무가 없거나 좁으며 트임이 크고, 협수도 소매가 좁아 활동하기 편한 형태였습니다.

18세기 초 「이삼 초상」에서는 밝은 청색의 협수와 청색의 비단 소매, 흑색의 전복의 군복이 그려졌고, 「석천한유도(1748)」에서는 한삼 위 백색에 가까운 협수와 짙은 갈색의 전복이 그려졌습니다. 이를 바탕으로 보면, 당상관급의 고위무관은 일반적으로 밝은 색의 협수와 흑색이나 진한 색의 전복을 입었던 것으로 보입니다.

화산군 이연(1647~1702)
묘 출토 쾌자

최원립(1618~1690)묘 출토
협수, 전복

17~18세기 초반 당하관의 군복

상이 이르기를,
"서북 지방의 무사武士는 복색이 어떠한가?"하자, 이행검이 아뢰기를,
"친기위親騎衛의 협수, 전복은 대단大段으로 되어 비록 귀하지만 삼승포로
만들어도 선명할 것입니다."하였다.
- 『승정원일기』 영조 15년(1739) 2월 10일

"천, 파총, 5초 초관 대단방색호의 7령…"
- 『승정원일기』 영조 27년(1751) 11월 9일

이때 당하관 군복의 형태도 당상관과 동일하였습니다. 재료에도 구별
이 없어 당하관의 군복에 스민문단 등의 화려한 직물이 사용되기도 하
였습니다. 소속부대가 있는 경우 방위색에 맞는 전복이 사용되었습니다.
홍우협(1655~1691)의 경우 정3품 당하관인데, 전복과 협수에는 운문단을
겉감으로 사용하고 요대에는 직금을 사용하였습니다. 친기위나 금위영의
장교들도 대단으로 된 군복을 입은 것이 확인됩니다. 물론 문주나 주
소재의 군복 또한 많이 출토된 바 있습니다.

최숙(1636~1698)
묘 출토 협수, 전복

북새선은도(1664)의 무과 응시자

숭정전연회도(1710) 의 금군

최숙(1636~1698)
묘 출토 쾌자

17~18세기 초반 군사의 호의

김중기가 아뢰기를,
"군병이 착용하는 전건戰巾과 호의號衣는, 경군문京軍門에서는 오직 도감의 군병만 착용하며, 지방은 오직 경기의 3진三鎭의 군병이 착용합니다. 도감의 군병은 본디 연하輦下에서 시위하는 군졸이니 모든 복식服飾은 다른 군병과 차이가 있어야 하는데, 속오군의 경우는 이미 시위하는 군졸이 아니고 전건에 폐단이 있어 햇볕을 쬐고 큰비와 서리와 이슬을 맞으며 모두 그 얼굴을 가릴 수 없는 데다가, 더구나 점고를 받을 때는 이미 전건을 쓰고 또 전립을 가지고 있으니, 이와 같이 모두 점고點考를 받고 만약 혹 탈을 잡는다면 빈한한 군사가 서울로 올라와 준비하는 폐단이 이미 매우 적지 않을 것이고 또한 전립이 무익할 것이니, 지금부터는 버려도 무방하므로 감히 아룁니다."
상이 이르기를,
"이는 훈련도감의 군병과 차이가 있으니 폐지하는 것이 좋을 듯하다"라고 하였다.
- 『승정원일기』 숙종 35년(1709) 2월 29일

본래 호의과 짝이었던 호건은 17세기 말에 전건으로 대체됩니다. 전건으로 대체되는 시기에 대부분의 속오군들은 대신 전립을 쓰게 된 것으로 보이지만, 경기도 3진의 속오군들은 1709년까지 전건과 호의를 사용하였습니다. 그러다 1709년 경기도 3진도 실용성 등의 이유로 전건과 호의의 착용을 폐지합니다. 그리하여 18세기에 전건과 호의는 훈련도감만의 복장이 됩니다.
이때에도 호의는 방위색을 따르고, 협수는 흰색이나 하늘색의 바탕색을 가진 협수가 사용된 것으로 보입니다.

호의(추정)

숙종인현왕후가례도감의궤반차도(1681)의 군사

효순현빈예장도감의궤
반차도(1751)의 후사대

17~18세기 초반 군사의 군복

조문명이 아뢰기를,
"무진년에는 도감의 군사가 전립戰笠을 썼고, 온천에 행행할 때는 전건戰巾을 썼습니다. 이번에는 어떻게 해야겠습니까?"
하니, 상이 이르기를,
"전건을 쓰더라도 전립을 가져가는가?"
하자, 홍치중이 아뢰기를,
"어찌 두 가지를 가져가는 일이 있겠습니까. 전건은 비가 내리면 결코 쓰기어려우니 이것이 염려스럽습니다."
하였다. 상이 이르기를,
"군정軍情은 어떤 물건을 원하는가?"
하니, 조문명이 아뢰기를,
"군정은 전립을 쓰기를 원합니다."
하였다. 상이 이르기를,
"만약 전립을 쓴다면 필시 속오군과 같아 놀랄 것이니, 전건으로 하라."
　　　　　- 『승정원일기』 영조 6년 경술(1730) 2월 10일(기유) 맑음

17세기를 지나며 금위영, 어영청의 번상병과 속오군, 소속부대가 없는 표하군들은 전복과 전립을 사용하게 됩니다.
이때 병사들의 전복은 『담락연첩(1724)』에서 볼 수 있는데, 백색 협수에 청색 전복을 입거나 청색 협수에 백색 혹은 흑색의 전복을 입은 것을 볼 수 있습니다. 후대의 예를 고려하면 백색 협수에 청색 전복을 착용하는 것이 일반적이지 않았을까 싶습니다.

담락연첩(1724)의 군사

군사의 협수, 전복(추정)

전복(홍우협 전복 참고)

18세기 중후반 당상관의 군복

"그중에 홍색단紅色緞은 금군의 요대腰帶와 방색方色이 맞지 않기 때문에 군복을 입고 수구袖口에 붙일 홍수紅袖를 각각 1건씩 마련하여 즉시 나누어 주었습니다만…"

- 『승정원일기』 영조 23년(1747) 4월 22일

"군복軍服을 순색純色(염색하지 않은 색)으로 하고 소매 끝에 푸른색으로 하는 것은 상복을 벗고 길복吉服을 입게 될 때를 기다려서 금령禁令으로 신칙해야 할 것이다. 군복 제도에 이르러서도 수교受教가 있다. 효묘께서는 군복이 헐렁헐렁하여 돌진하기에 적합하지 않다고 하여 좋은 소매로 고쳤고, 선조先朝도 군복의 길이는 땅에서 한 자 떨어지게 하도록 명하였다. 단추의 제도 또한 임금의 군복도 그러한데 하물며 아랫사람들의 옷이야 말할 것이 있겠는가. 지금 옛 규례를 회복하는 날에 더욱더 제정한 법을 준수해야 할 것이다. 병조 판서와 장신들은 이 점을 알도록 하라."

- 『일성록』 정조 원년(1777) 5월 16일

1777년 정조의 군복에 대한 하교에서, 군복에 순색(염색하지 않거나, 옅게 염색한 색)을 사용하거나, 청색 소매를 사용하는 것을 금지하였습니다. 이후의 군복은 홍색 소매와 진한 색의 바탕색을 가지게 되며, 소재에 있어서는 이전과 유사하게 비단, 주가 쓰였고, 사도 사용되기 시작하였습니다.

홍색 소매는 1747년 금군의 요감으로 쓰려다 남은 홍색단을 금군의 소매에 붙이도록 하였는데, 이때부터 군복의 소매에 홍색을 사용하기 시작하다가 1777년 법제화된 것으로 보입니다.

「이창운 초상(1782)」이나 「석천한유도(1748)」, 출토 유물들을 보면 이때 당상관의 군복에는 운문(구름무늬)이나 연화문(연꽃무늬)의 비단이나 사가 주로 사용되었던 것으로 보입니다.

석전한유도(1748)
쾌자

이창운 초상(1782) 군복
(이진숭 묘 출토품 참고)

18세기 중후반 당하관의 군복

정창성이 아뢰기를,
"여러 군문의 장교들은 평상시 군복을 착용하고 으레 금단錦緞을 사용합니다…"
- 『승정원일기』 정조 10년 병오(1786) 6월 11일

"근래 들으니, 무장하는 데 낭비하는 것을 번번이 선전관이 별군직을 본받아서 그런 것이라고 말한다고 한다. 그러나 이것은 그렇지가 않으니 가난한 자가 부유한 자를 본받은 것이라고 해야 한다. 대체로 별군직은 새로 제수할 때 으레 군복을 나누어 주어 위계位階에 따라 복식이 다른 것은 바꿀 수 없는 제도인데, 어찌 국가에서 지급하는 복식을 따르지 않고 절기에 따라 바꿔 입을 수 있겠는가. 그러나 선전관은 빈한한 자도 있고 부유한 자도 있으므로 능력대로 만들어 입어야 하는데, 어찌 반드시 사력을 다해 똑같이 해서 대단大緞·갑사甲紗·단사單紗 3등等의 물품을 다 갖출 필요가 있겠는가. 비록 사紗를 겨울에 착용하고 단緞을 여름철에 착용하더라도 이것이 어찌 사율師律에 관계되는 것이겠는가. 이는 대개 유행에 뒤처질까 두려워하다가 도리어 고질적인 폐단만 더하는 것이다…"
- 『일성록』 정조 11년 (1787) 3월 15일

군장軍裝을 화려하고 사치스럽게 하는 것을 금하였는데, 훈련대장 이주국이 아뢴 말을 따른 것이다. 군교軍校가 착용하는 군복은 대단大緞이나 갑사甲紗 등 속은 모두 금지하고 저포苧布(모시)나 삼승포三升布는 허용하며, 동개에는 미전尾箭을 제거하게 하였다.
- 『정조실록』 정조 20년 병진(1796) 3월 12일

18세기에는 별군직을 중심으로 선전관이나 장교 등 당하관에게도 사치 풍조가 널리 퍼져 군복에 금단이나 대단, 갑사, 단사 등의 화려한 군복을 사용하여 문제가 되기도 합니다. 이 때문에 1796년에는 군교의 군복감을 모시와 삼승포로 제한하기도 합니다. 또 18세기 말~19세기 초 협수와 전복을 하나로 합친 형태의 군복이 나타나는데, 이를 '동다리군복'이라 합니다. 동다리군복은 일반적인 군복과 함께 19세기까지 무관에게 널리 사용되었습니다.

색에 있어서는 이전과 같이 소속부대에 따른 배색을 하거나 소속이 없는 경우 취향에 따른 색을 사용하였습니다.

영조정순왕후가례도감의궤반차도(1759)의 별군직

평안감사향연도의 군관

청연군주,
김기성 합장묘 출토
동다리군복*

*김주영, 이지현, 박승원(2010), 청연군주묘(淸衍郡主墓) 출토복식(出土服飾)의 보존(II), 박물관보존과학 Vol.11, 17~30

18세기 중후반 군사의 호의

1.본부는 평소 외도감外都監이라고 불렸으니, 군병의 복장도 훈련도감의 예에 따라 전건戰巾 및 홑협수單挾袖와 방색호의方色號衣로 준비하여 간편하고 비용을 줄이는 방도로 삼도록 하되, 서울 군문의 예에 따라 스스로 준비하게 한다. 군기 중 조총鳥銃, 환도環刀, 남날개南飛箇, 화승火繩, 약환藥丸 등의 물자는 본부의 군기소軍器所에 있는 것으로 나누어 주되 역시 내영 단총수單銃手의 법에 따르고, 기대장旗隊長과 사수射手의 궁전弓箭은 마련하지 않는다.

　　　　　- 『정조실록』 정조 17년(1793) 10월 21일 장용외영군제절목

18세기 말에도 호의, 전건 제도가 이어져 내려옵니다. 훈련도감, 장용영 등에서는 방위색을 따른 방색호의를 썼으며, 행행에서 왕을 호위하는 협련군은 홍색의 호의를 사용하였습니다.
「대사례도(1743)」 등에서 방위색의 호의와 함께 청색 계열의 협수를 사용하는 것이 확인되며, 18세기 말엽에는 더 흑색에 가까운 협수가 사용됩니다.
『무예도보통지(1790)』에서는 허리 정도로 내려오는 짧은 방령깃의 호의가 그려져 있는데, 「대사례도」에서도 허리 정도 내려오며 뒤쪽이 엉덩이까지 오는 정도의 짧은 호의가 사용됨을 볼 수 있습니다.

18세기 중후반 호의(추정)

영조정순왕후가례도감의궤반차도(1759)의 군사

18세기 중후반 군사의 군복

"금위영과 어영청의 보군步軍은 애당초 표의標衣가 없었는데 각부各部의 초관哨官은 표의가 있으니, 혹 창설한 후에 인순因循하여 고칠 겨를이 없었던 것입니까, 또는 특별히 뜻이 있어서 그렇게 한 것입니까? 대개 표의와 수기手旗는 신분을 식별하기 위한 것이고, 행진行陣하는 사이에 분명하게 할 수 있는 것은 또 표의만한 것이 없는데…(중략)…보군 12초의 표의를 해영該營으로 하여금 마련하게 하여 거둥할 때나 조련할 즈음에 나누어 착용함으로써 항오를 이루어 오방五方의 제도를 준거하는 것은 아마도 그만둘 수 없을 듯합니다. 바라건대, 모두 재처裁處하소서."

하니, 비답하기를,

"진달한 바가 옳으니, 아뢴 대로 하라."

ㅡ『영조실록』영조 19년(1743) 8월 28일

병졸의 군복 또한 18세기 후반에 순색을 금하여 흑색이나 아청색의 협수와 청색의 전복으로 구성되며, 협수와 전복은 양옆과 뒤가 겨드랑이부터 트여있으며, 전복은 1~2개의 단추로 여미는 모양입니다.

18세기 초까지만 하여도 금위영, 어영청의 병사는 전복과 전립 차림이었으나, 1743년 병조판서 서종욱의 상소로 소속된 초의 방위색에 맞는 표의(호의 혹은 전복에 색만 다른 것)를 입게 되었습니다. 이 표의는 서울로 근무하러 온 군병에게 나누어 줄 것만 보유한 것으로, 근무 중이지 않고 고향에 있던 대부분의 금위영, 어영청 군사들은 그대로 전복과 전립을 사용하였을 것입니다. 「정주성공위도(1814)」에서도 전립과 표의를 착용한 군사들을 볼 수 있습니다.

금위영, 어영청 외에 속오군, 표하군 등은 이전과 같이 전복 차림이었습니다. 로텐바움세계문화예술박물관에는 병졸의 것으로 보이는 전복이 하나 소장되어있는데, 색은 청색이며 단추는 앞에 두 개가 달렸으며 좌우는 바느질하지 않고 단추를 하나씩 두어 붙인 간단한 형태입니다.

로텐바움세계문화예술박물관 소장 전복(후면)

병사 전복, 협수(추정)

19세기 당상관의 군복

군복軍服의 갖춤으로는, 전립자氈笠子[문단으로 꾸민다]·은정자銀頂子·공작미孔雀尾·청작미靑雀尾·밀화영蜜花纓[아주 크다]·협수 전복夾袖戰服[짙은 녹색인데 더울 때에는 무늬 없는 사를 쓰고 추울 때에는 문단을 쓴다.]·괘자掛子[자주빛]·요대腰帶[사와 단으로 만든다.]·전대纏帶[남색 비단을 쓴다.]·유람의細衲衣(누비옷)[명주를 쓴다.]이며 나머지는 융복과 동일한 것이 바로 그것입니다.

　　　　　　　　　　　　- 『다산시문집』 제9권 / 의 /공복公服에 대한 의

이른바 소매 끝의 붉은 장식이라는 것은 '홍수'라 하며, 기마騎馬가 붉은색에 익숙해져서 매달아 놓은 수급首級을 보고도 놀라지 않게 하려는 의도로서, 본래는 겨우 몇 치이던 것이 지금은 온 소매에 다 장식한다.

　　　　　　　- 『임하필기』 제28권 / 춘명일사 / 임금이 군복軍服을 착용한 일

19세기에는 군복의 제도가 변하여 협수의 바탕색으로 황색을 사용하며, 홍색 소매가 점점 커져 어깨까지 올라옵니다. 또 전복을 여미는데 단추 대신 고름을 사용하는 경우도 많이 보입니다.
이때 당상관의 군복에는 원형 용무늬의 비단, 사가 많이 사용되었습니다.

단국대학교 석주선기념박물관 소장 동다리군복

흥완군 일가 군복

19세기 당하관의 군복

1. 각영各營에 편교編校(군교)의 군복軍服은 주紬·면포綿布·저苧 외에 사단紗緞은 일체로 금하며 어가御駕 앞뒤의 별대別隊는 논 하지 말 것.

- 『순조실록』 순조 34년(1834) 5월 16일

19세기에도 18세기 말에 정해진 금제가 이어져 내려와 같이 당 하관의 군복에는 사와 단을 사용하는 것을 금하였고, 주, 무명, 모시만을 사용하게 하였습니다.

그에 맞게 『만기요람(1808)』에서는 당하관인 협연파총, 협연초관 의 호의감으로 화주를 사용하였습니다.

그러나 1834년의 의장 변통에서도 어가 앞뒤의 별대에는 사단을 금하지 않은 것을 보면, 왕을 가까이에서 모시는 별군직, 선전관 과 같은 부류는 예외적으로 사와 단 등의 화려한 소재를 사용했 을 수 있어 보입니다.

색에 있어서는 이전과 같이 소속부대에 따른 배색을 하였을 것으 로 보이나, 소속부대가 없는 경우 취향에 따른 배색도 이루어졌 을 것으로 보입니다.

19세기 「강화도행렬도(1849)」, 「왕세자두후평복진하도(1879)」나, 「임진진찬도병(1892)」에서는 무관의 군복이 자색~흑색의 전복과 황색 협수로 통일된 것으로 묘사되기도 합니다.

왕세자탄강진하도병(1874) 구군복

임진진찬도병(1892)의 구군복

충렬사 소장 통제영 군복

19세기 군사의 호의

초군哨軍은 전건戰巾을 쓰고[모단으로 안을 대어 꿰매어 뒤는 모이고 위는 서로 붙였으며, 앞과 뒤가 네모나고 곧게 내려갔으며, 좌·우에 세 겹을 접었다. 천의 끝이 그 뒤로 늘어지며, 모두 금金으로서 종횡으로 갑옷 비늘 모양[札]을 그렸다. 이것은 본국군(훈련도감군)만이 쓰고 다른 영에서는 전건을 쓸 자라도 전립으로 대신한다. 호의號衣의 방위색이나 각군의 복식 따위에 있어서는 다른 영도 아울러 마찬가지이다.] 호의를 입고 칼을 차고 총을 멘다. 호의는 모두 방위의 빛깔을 따르는데 전초는 적색 바탕이며, 좌초는 청색 바탕이며, 중초는 황색 바탕이며, 우초는 백색 바탕이며, 후초는 흑색 바탕이다. 깃은 모두 파총을 따르며, 가령加領(동정)은 천총을 따른다. [가령 적색 바탕·청색 깃·청색 동정을 달았으면 이것은 좌부 좌사의 전초임을 알아보는 따위.]

- 『만기요람(1808)』 군정편 2 / 훈련도감 복착

『만기요람(1808)』에서는 훈련도감 군사의 호의에 대하여 소속부대에 따라 바탕, 깃, 동정의 색을 달리하는 방식을 언급하고 있습니다. 바탕은 120여 명으로 이루어진 초哨의 방위색, 깃은 초가 모인 사司의 방위색, 동정은 사가 모인 부部의 방위색을 따르도록 되어 있습니다. 훈련도감에는 보군초가 26개 있으니 26개 종류의 호의가 있었던 셈입니다.

소속부대가 없는 병사의 호의는 달리 소속부대에 따른 구분이 적용되지는 않았을 것으로 보이며, 『만기요람』 외에는 이러한 구분이 적혀있는 자료가 없어 언제부터 언제까지 사용되었는지 알 수 없습니다.

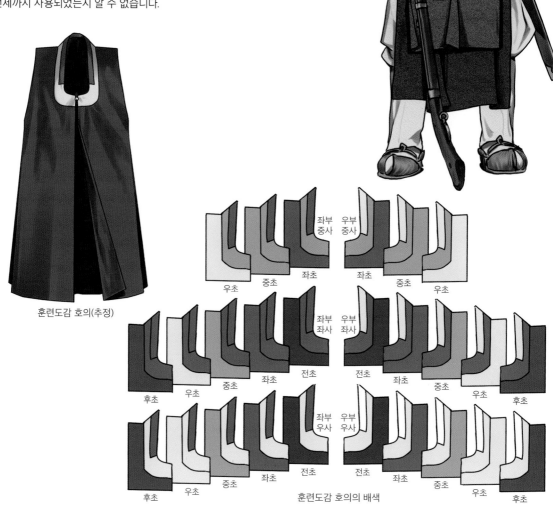

훈련도감 호의(추정)

훈련도감 호의의 배색

19세기 군사의 군복

어제 전투에서 큰 낭패를 면할 수 있었던 것은 적도가 서울에서 온 포병砲
兵 중초군中哨軍을 크게 두려워하여 '누런 놈[黃漢]'이라고 칭했으며, 좌초병
左哨兵은 '파란 놈[靑漢]'이라고 칭하면서 보기만 하면 도망쳤기 때문에…
- 『서정일기』 1812년 3월 21일

19세기의 군복은 기본적으로 18세기와 별다른 차이가 없습니다. 푸트 공
사 등이 19세기 말 촬영한 군복 사진들을 보면, 협수의 동정 부분이 크고
두꺼운 군복이 많이 보입니다.

18세기 말~19세기 군사들의 소속별 군복

가전별초
전립, 홍수, 청전우,
공작우, 잡색 군복*

금군
전립, 홍수, 전우(소속 위 색),
잡색 군복*

훈련도감 마병
전립, 홍수, 전우(소속 열 색),
잡색 군복*

훈련도감 보군
전건, 호의**

금위, 어영청 군사
전립, 표의***

그 외 군사
전립, 청전복***

*정조화성행행반차도 참고
**대한제국동가도, 만기요람 참고
***정주성 공위도 참고

19세기 후반의 외국 군복

병사의 숫자는 80여 명으로 5영五營에서 지원자를 받아 특별히
선발하여 편성하고, 무위영武衛營에 소속시켰는데 연령은 고르지
못하지만 신체는 장대하고 또 건장합니다. 무위영은 친군親軍으
로 근위近衛와 같습니다…
> - 사료 고종시대사 10 / 1881년 4월 19일 / 조선주재 일본공사
> 하나부사 요시모토, 외무경 이노우에 가오루에게
> 별기군을 창설한 경위를 보고함

"청국 황제도 신건친군에 군복을 특별히 하사하는 등 관심을 보
였다. 조선에 주둔하고 있는 청국 군대의 복장과 동일한 형태의
것을 상해上海에서 특별히 주문해서 조선으로 보냈던 것이다.
다만 모자만은 기존의 조선군이 쓰던 것을 사용하게 했다."
> - 가와무라 스미요시-산조 사네토미 / 메이지 15년(1882) 12월 26일 /
> 아마기함 보고 조선국의 근황天城艦報告朝鮮國ノ近況

19세기 말 개항 이후 1881년 신식 군대인 교련병대가 창설됩니다.
교련병대가 어떤 군복을 입었는지는 알 수 없지만, 교관인 호리모
토 레이조의 소속을 볼 때 일본의 영향이 있는 서양식에 가까운
군복을 입었을 것으로 보이고, 호리모토 레이조는 당시 육군 소위
로 늑골복 형식인 메이지 19년식 군복을 입었을 것으로 보입니다.
1882년 임오군란 이후, 청나라군의 영향을 받은 신건친군영이
창설되는데, 신건친군영은 청나라식의 군복을 사용했습니다. 한
국자수박물관에는 이 당시 신건친군영의 군복이 소장되어 있습니
다.

신건친군영 군복은 청색 바탕에 홍색 선을 두껍게 대었고, 목부
분에 가죽을 덧대었으며 앞뒤에 장표가 붙어 있습니다. 장표에는
중앙에 크게 '친군'이라는 병종이 써져 있으며, 상단에는 '신건좌
영' 이라는 소속 군영, 좌우에는 '우초 9대' 라는 소속 부대, '병정
김기원'이라는 계급과 성명이 쓰여 있습니다.*

서울공예박물관 소장
신건친군영 군복

군모

메이지 19년식(1886) 군
의(軍衣) 상의

장표

*박가영(2022), 친군영(親軍營)과 청나라 양식의 군복, 한복문화 Vol.25, No.4, 37~52

19세기 후반의 친군영 군복

"신이 이달 7일 정국庭鞫 때에 별형방도사別刑房都事로서 거행하였는데, 포장 안팎 군병의 계엄戒嚴을 살펴보니, 안에 있는 신병대는 복색이 선명하고 절제가 엄정하나, 밖에 있는 금위영 군병은 복색이 음침하고 기율이 해이하였습니다…"

－『승정원일기』 고종 20년(1883) 6월 15일

민영규에게 전교하기를, "친군親軍이 복장을 간편하게 갖추고 정연하게 보조를 맞추는 것은 때에 알맞게 하는 것이니, 각영에서는 다르게 해서는 안 된다. 지금 이후로부터 복색과 연습하는 방도를 한결같이 친군의 병제兵制에 의거하여 시행하라." 하였다.

－『승정원일기』 고종 21년(1884) 윤5월 19일

1881년 교련병대, 1882년 친군영 설치를 거치며 조선에서도 서양식 군사 제도와 장비가 받아들여집니다. 이 시기 새로운 군복 제도가 만들어진 것으로 보이는데, 기존의 협수, 전복 대신 바지와 저고리로 이루어진 새로운 양식입니다. 1884년에는 모든 군영의 군복을 이 양식으로 통일하라는 명이 내려지기도 합니다.

일반 병사의 경우 소매의 붉은색 수장이 한 줄, 하급 장교의 경우 붉은색 수장이 두 줄이었던 것으로 보이며, 바지로는 청색, 남색 바지가 규정이었을 것으로 보입니다. 이 당시 친군전영 우10초 소속 초장(하급장교)의 전립과 군복이 로텐바움세계문화예술박물관에 소장되어 있습니다.

병사전립

장교전립

로텐바움세계문화예술박물관 소장 친군영 군복

前營右
長哨什

전
영우

장 초 십

장교전립의 기재 내용

동가반차도
병정

신정왕후국장도감의궤
반차도(1890) 병정/화병

로텐바움세계문화예술박물관 소장 바지

1888년 이후의 친군영 군복

김홍집이 아뢰기를,
"병정의 복색을 시의에 따르고자 하는 것은 병기를 사용하기에 편리하도록 하기 위해서입니다. 근년에 고친 것은 예전의 복색이 거추장스러운 것에 비해 이미 간편해졌기 때문에 자주 고칠 필요가 없어졌는데, 이제 다시 바꾸어 순흑색純黑色으로 하고 모양도 매우 좁게 하였으니, 이것은 단지 보는 사람의 눈을 놀랍게 할 뿐 실제 일에는 무익합니다. 우리나라 사람은 겨울에 솜 둔 옷을 입는데 겉에 좁게 만들어진 옷을 입어 결박하듯 옥죄인다면 팔다리를 자유롭게 움직이지 못할 것이니, 어떻게 병기를 사용할 수 있겠습니까. 그 형세는 반드시 속에 솜 둔 옷을 입지 못하게 될 것입니다. 이러한 겨울철에 숙위하고 순라하는 동안 추위를 막을 방도가 없을 것이니, 실로 행할 수 없는 일입니다…"
－『승정원일기』 고종 25년(1888) 10월 18일

1888년에는 소매가 매우 좁고 색은 순흑색인 군복이 도입되는데, 서양식 군복으로 보입니다. 그러나 팔이 좁아 움직이기 어렵고 겨울에 방한복을 입기 어렵다는 점 때문에 비판받아 폐지되었습니다.
파리장식박물관 소장 「Corée」 사진첩에서 이때의 군복을 볼 수 있는데 상하의의 명도가 비슷하고 검으며 '官(관)' 자로 보이는 금속 모장이 달려있는 개항장의 병사를 볼 수 있습니다. 상의는 3개의 단추가 달렸으며 전통적인 평면 재단인데, 서양식 깃과 얇은 홍색 수장이 달려 새로운 군복제도가 일부 반영되었음을 알 수 있습니다.
프랑뎅 영사가 총융청에서 찍은 사진에서 장교의 군복도 볼 수 있는데, 장교의 전립엔 붉은 띠가 없고, 옷에는 무늬는 없는 비단 혹은 융과 같은 소재가 사용되었으며, 수화자를 신은 것을 볼 수 있습니다. 또 바지를 수화자 안으로 넣어 입기도 하고, 빼입기도 한 것을 볼 수 있습니다. 이 당시에도 영장과 같은 고위급 장교나 감영, 병영 등 지방 군사들의 경우는 협수, 전복 차림의 전통적인 군복을 사용하였습니다.

장교 전립

병사 전립

친군영 군복(추정)

일본 해군 정탐 문서 '동영수병모자'의 기재 내용

官
姓名
隊何(左)右軍海

관
성명
대○(좌)우군해

임진진찬도병(1892) 창검군

원산항도의 병정

일청전투화보의 조선군

1895년 육군복장규칙 직전의 군복

조선에서 정식으로 서구식 군복제도를 도입한 것은 1895년 4월 9일 육군복장규칙 부터지만, 1895년 3월 19일에 찍힌 조선군 위문단 사진을 보면 육군복장규칙 이전에도 육군복장규칙의 제식과 같은 양식의 서양식 군복과 전립에 이화문 장식을 한 군모를 쓰고 있는 것을 확인할 수 있습니다. 교도중대 등 일본의 영향이 짙은 군사조직에서 이러한 군복이 먼저 도입되었던 것으로 보입니다.

육군복장규칙에 따르면 장교의 상의는 은제 단추 5개로 고정하고 목 깃에 위관은 1개, 영관은 2개, 장관은 3개의 별을 달아 계급을 구분하였으며, 수장과 바지에도 차이를 두었습니다. 병사의 상의는 후크로 고정하는 형식의 간단한 상의입니다.

병사 전립

장교 전립

병사 상의

장교 상의

정위

참령

부장

1895년 수장

육군복장규칙에 따르면, 금선 1개는 위관급 장교, 2개는 영관급 장교, 3개는 장관급 장교이고, 태극문양 단추 1개는 참, 2개는 부, 3개는 정으로써 각급 장교 내에서 계급을 나누는 역할을 합니다. 조선군 위문단 사진에서도 같은 양식의 수장이 나오기 때문에 소급할 수 있을 것입니다.

1895년 바지

이때부터 서양식 바지가 사용되었는데, 장교의 바지에는 붉은색 측장이 달렸습니다. 육군복장규칙에 따르면 위관급 장교는 얇은 붉은색 측장이 한 줄 있고, 영관급은 넓은 한 줄, 장관급은 세 줄의 측장을 가졌습니다.

위관

영관

장관

1895년의 군복

1895년 4월 9일 육군복장규칙이 반포된 이후 모든 군사들이 근대적인 군복을 입게 되었습니다.

상의의 제식은 앞에 서술한 내용과 동일하나, 군모는 다릅니다. 장교의 군모는 앞과 뒤에 차양이 달리고, 모자 정상에 뿔이 달리며 앞엔 이화문양이 달린 피켈하우베Pickelhaube형태의 군모입니다. 이화 장식 위에 별이 달리는 것을 확인할 수 있는데, 위관, 영관, 장관의 계급 구분을 위하여 다는 것으로 추정됩니다. 병사의 군모는 둥그런 형태에 차양이 달리고 앞에 이화문양이 달린 전립과 서양식 군모를 섞은 듯한 군모입니다.

이때까지만 해도 단발을 하지 않은 군사들이 있었던 것을 각종 사진에서 확인할 수 있는데, 그런 경우 군모가 높게 솟은 것을 볼 수 있습니다.

장교 군모

병사 군모

현장

식대

1895년 식대

식대는 정장 차림에 착용하는 의장용 띠입니다. 식대의 형태는 붉은색의 넓은 띠이며 술 2개를 다는데, 술의 색은 위관은 적색, 영관은 자색, 장관은 은색의 술을 달았습니다.

1895년 현장

현장은 고등관아의 부관(장관급 이상이 근무하는 처소 소속), 주번이나 위수근무를 하는 사람이 임무를 수행할 때 착용하는 어깨띠입니다. 현장의 형태는 중앙은 백색에 좌우변은 적색으로 넓게 직조한 띠이며 적색 술 2개를 달았습니다.

1896년의 군복

남의 손 빌어 잘 짠 상투 영문營門에 들어 단발斷髮할 제 상투는 베어 협낭夾囊에
넣고 망건아 풍잠아 너 잘 있거라 병정복장兵丁服裝 차릴 적에 모자 쓰고 양혜洋鞋
신고 마구자 실갑 각반 차고 혁대 군랑 창집 탄자彈子 곁들여 차고 글화총(그라스
소총) 메고 구보驅步로 하여 가는 저 병정아 게 좀 섰거라 말 물어 보자…

- 「병정타령」

러시아 군사교관단이 내한한 이후 찍힌 사진들에선 육군복장규칙과 다른 새로운
군복이 확인됩니다.
장교의 상의에 있어서는 '늑골복'이라 불리는 장식적인 매듭단추로 고정하는 상의
가 사용되었고, 병사의 상의는 5개의 금속 단추가 달린 것이 사용되었습니다. 또
한 이 시기 을미사변으로 인한 국상 기간이었기에 장교 상의 왼쪽 팔에 검은
띠를 두른 것을 확인할 수 있습니다.
군모에 있어서도 장교의 군모는 앞과 뒤에 차양이 달리며, 홍색의 띠를 두르
고 그 위에 검은 선을 둘러 계급을 나타낸 것을 볼 수 있습니다. 병사의 군모
는 같은 형태에 홍색의 띠 없이 단순한 이화문양 장식을 단 형태입니다.

장교 군모

병사 군모

병사 상의

장교 상의

정위 견장

부령 견장

참장 견장

1895년 견장

육군복장규칙에는 장교의 견장이 규정되어 있으나,
사진 자료들에서는 견장의 착용례를 확인할 수 없습니
다. 러시아 군사교관단과 함께 찍은 사진에서 늑골복에
견장을 사용한 것이 확인되어 최소한 1896년경에는 사용
되었던 것으로 보입니다.
위관은 좁고 긴 견장, 영관은 넓은 견장, 장관은 넓으면서
은 테두리를 두른 견장을 사용했으며, 정, 부, 참은 별의
개수로 구분하였습니다.

1897년의 군복

11일 오후 2시 반에 경운궁에서 시작하여 환구단까지 길가 좌우로 각 대대 군사들이 정제하게 섰으며, 순검들도 몇백 명이 틈틈이 정제히 벌려 서서 황국의 위엄을 나타내며, 좌우로 휘장을 처잡인 왕래를 금하고 조선 옛적에 쓰던 의장 등물을 고쳐 누른 빛으로 새로 만들어 호위하게 하였으며, 시위대 군사들이 어가를 호위하고 지나는데 위엄이 장하고 총 끝에 꽂힌 창들이 석양에 빛나더라. 육군 장관들은 금수 놓은 모자들과 복장들을 입고 은빛 같은 군도들을 금줄로 허리에 찼으며 또 그중에 옛적 풍속으로 조선 군복 입은 관원들도 더러 있으며…

— 『독립신문』 1897년 10월 14일 논설

1897년 5월 15일 육군복장규칙이 개정되면서 조선군의 군복에 큰 변화가 생깁니다. 대례장과 예장, 상장, 군장 등의 구분도 생기며 법제도 길어졌는데, 여기서는 간략하게 상장만 서술하겠습니다.

장교 상의의 제식은 늑골복으로 1896년 사용된 것과 같으나, 수장으로 계급 구분하는 제도가 생겼고, 견장도 바뀌었습니다. 병사의 상의는 1895년 사용된 것과 같은 후크식 상의이나, 수장과 견장이 생겼으며 바지에도 얇은 붉은색 측장을 대었습니다.

군모에 있어서는 원통형에 앞에 차양이 달린 케피Képi형 군모가 도입되는데, 장교의 것은 홍색 띠에 검은 선을 대어 그 숫자로 계급을 구분하였으며, 병사의 것은 검은 선을 대지 않았습니다. 다만 하사관은 홍색 띠 위에 얇은 홍색 띠를 대어 병사와 구분하였습니다.

장교 군모 병사 군모

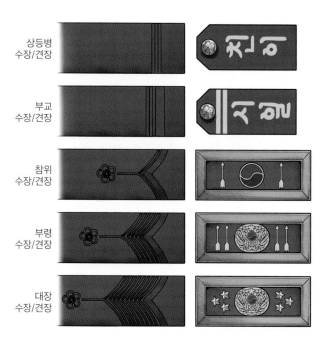

상등병
수장/견장

부교
수장/견장

참위
수장/견장

부령
수장/견장

대장
수장/견장

1897년 견장

장교의 상견장은 홍색 바탕에 금 테두리를 둘렀는데, 위관의 것은 중앙에 태극무늬와 좌우에 은 화살문양을 새겼고, 영관의 것은 꽃에 둘러싸인 태극무늬에 은화살, 장관의 것은 화살 대신 은별을 달았습니다. 정, 부, 참은 화살과 별의 숫자로 구분하였습니다.

병사의 견장은 홍색 바탕에 노란 글씨로 소속부대를 적었는데, 소속부대의 앞 글자와 대대번호를 적었습니다. 하사관의 경우 노란색 줄을 그어 병사와 차이를 주고 정, 부, 참을 구분하였습니다.

1897년 수장

장교의 상복 수장은 두꺼운 검은색 편직 선을 대고 얇은 선을 대는데, 얇은 선은 참위는 1개로, 계급이 오를수록 하나씩 늘려 계급을 구분합니다. 얇은 선이 끝나는 지점에 편직 이화문 장식을 답니다.

병사 수장은 홍색 얇은 선인데, 1개는 이등병, 2개는 일등병, 3개는 상등병으로 계급을 구분하고, 하사관의 수장은 두꺼운 홍색 선을 대고 얇은 선의 숫자로 정교, 부교, 참교의 계급을 구분합니다.

04

갑주의
변천

武備

갑주의 구성

갑옷인 갑甲, 투구인 주胄를 아울러 갑주甲胄라고 합니다. 갑주는 조선 초기부터 후기까지 중요한 군사복식으로써 사용되었습니다.

첨주

투구

투구는 머리를 가리는 부속입니다. 갑의와 함께 갑주를 구성하는 필수적인 부속입니다. 차양이 있는 투구는 첨주簷胄, 차양이 없는 것은 원주圓胄라고 하였으며, 앞에만 차양이 달리고 좌우와 뒤에 드림을 단 드림분리형 투구가 있습니다.

원주

갑옷

갑옷(갑甲, 갑의甲衣)은 갑옷의 상의로, 갑옷이 길게 내려와 무릎까지 오며 갑상이 없는 갑옷을 포형 갑옷이라 하며, 갑상이 있는 경우는 상하분리형 갑옷이라고 칭합니다.

드림분리형
투구

갑상

갑상甲裳(슬갑膝甲)은 가운데가 트인 치마 형태의 부속으로 다리 부분을 가리는 부속입니다.

호항

호항護項은 목 부분을 가리는 부속입니다.

호액

호액護腋은 겨드랑이의 빈틈을 가리는 부속입니다.

호항

견철

견철

견철肩鐵은 갑옷의 어깨에 부착되어 내려치기와 같은 공격을 방어하기 위한 부속입니다.
견철은 동이나 철로 만들되 중간에 경첩을 두어 활동에 방해되지 않도록 하였습니다.

비수

엄심

호액

갑옷

비수

비수臂袖(비갑臂甲)는 토시 형태로 생긴 팔을 가리는 부속입니다.

엄심

엄심掩心은 사타구니 부분을 가리는 것으로 승마 시 다리를 벌렸을 때 생기는 빈틈을 막기 위한 부속입니다. 조선 후기에는 사타구니 대신 가슴 부분에 엄심을 다는 경우도 있습니다.

갑상

상모

간주 장식

조선 초기의 첨주

조선 초기에는 첨주, 원주, 드림분리형 투구 모두 사용되었으나, 현재 남아있는 유물 대다수는 첨주입니다.
일반적으로 옻칠하여 흑색을 띠나, 주칠하거나 수은으로 도금한 경우도 확인됩니다.
『악학궤범(1493)』의 의식용 첨주에서는 홍색 안감을 대며 운월아와 같은 장식물이 부착되었는데, 조선 초기 첨주 중 장수의 것도 안감과 운월아를 달았을 수 있어 보입니다.

투구의 초기

초기骨旗 혹은 표기標旗는 투구에 다는 작은 깃발입니다. 소속대의 방위색에 맞는 색을 바탕으로 병종과 이름을 적도록 하였습니다.
1430년 초기를 다는 제도를 실시하였으며 1438년에는 전립에도 표기를 달게 하였습니다. 오위로 군제를 개정한 후인 1452년 재차 표기를 달게 하며, 1491년 신해북정에서도 투구에 초기를 다는 등 초기는 자주 사용되었습니다.

초기(추정)

군

조선 후기의 간주형 투구

조선 후기에는 드림분리형 투구가 주된 투구가 되며, 투구 정상에 장식을 꽂을 수 있는 간주幹柱라는 기둥을 두었는데, 그러한 투구를 오늘날 간주형 투구라고도 합니다.
간주에 다는 장식은 보통 삼지창이었지만, 장수의 것은 불꽃이나 보주, 옥로 등의 화려한 장식을 꽂기도 합니다.
머리를 가리는 투구 본체는 투구감투라 하며, 투구 좌우와 뒤에 다는 갑옷을 드림이라 하는데, 좌우에 달리는 옆드림과 뒷드림으로 구성됩니다.*
옆드림 중 일부는 투구가 흔들리면서 틈이 생기는 것을 방지하기 위해 뒤통수에 끈을 두어 뒤통수와 연결하기도 합니다.
끈은 투구감투에 다는 끈이 있고, 드림에 다는 끈이 있는데, 투구감투에 달린 끈은 투구를 쓸 때 흔들리지 않도록 매는 것이며, 드림에 다는 끈은 드림을 얼굴에 단단히 부착하기 위해 매는데, 매지 않거나 뒤, 위로 매기도 하였습니다.

간주

개철

근철

투구감투

차양

옆드림

이마
가리개

뒷드림

---

*박가영(2008), 조선시대 갑주 유물의 감정을 위한 현황 파악   과 시대구분,
복식 58(5), 166~177

첨주

원주

고려대학교 소장 투구

투구의 변천

15~16세기의 투구

15~16세기에는 첨주, 원주, 드림분리형 투구가 사용되었습니다. 만듦새나 유물 숫자로 보아 드림분리형 투구는 보다 높은 계층이 사용하였고, 일반적으로는 첨주가 사용되었던 것 같습니다. 원주는 현전하는 유물이 드물어 첨주에 비해 적은 숫자만이 사용되었던 것으로 보입니다.

17세기의 투구

임진왜란 이후 17세기부터는 간주가 달린 투구가 사용되기 시작하였지만, 이전 시기의 투구도 혼용하였던 것으로 보입니다.
정공청 장군의 간주형 투구는 이전에 볼 수 없었던 투구로, 임진왜란을 계기로 명나라의 간주형 투구가 도입된 것이 아닐까 싶습니다.

류성룡(1542~1607) 투구

정공청 투구

동래성 해자 출토 투구

황대곤(1577~1636) 투구

이완(1602~1674) 투구

고궁박물관 소장 투구

여반(1699~1773) 투구

17~18세기의 투구

17세기에는 여러 전란으로 청나라 양식의 갑옷 또한 조선에 유입되었는데, 이완장군의 투구가 청나라 양식의 투구입니다. 3단으로 각이 진 모양이 특징인데, 이는 경운박물관 소장 투구의 투구감투에서도 그 흔적을 볼 수 있습니다.
이 시기 간주형 투구가 주된 투구의 자리에 올랐습니다.

18~19세기의 투구

18~19세기에는 갑주의 장식화 경향이 두드러져 장교의 투구는 차양과 근철, 개철, 이마가리개, 장식판 등이 황동으로 되어있는 화려한 투구가 사용되었습니다.
병사의 투구에서도 차양과 근철, 개철에 은상감 장식을 하여 화려하게 만든 것을 볼 수 있습니다.

이봉상 원수 투구

육군박물관 소장 투구

라이프치히그라시박물관 소장 철투구

내갑의 착용

갑상 착용

갑옷 착용

호액 착용

엄심 착용

비수 착용

투구 착용

호항 착용

바로 씀

뒤로 젖혀 씀

드림을 뒤로 젖힘

드림을 위로 젖힘

갑주의 착용법

조선 후기 기준으로 갑주는 먼저 융복이나 군복 등의 받침옷을 입으며, 그 위에 내갑의를 입습니다. 그 위에 갑상을 입으며, 갑을 입고 호액과 엄심, 비수 등의 부속갑옷을 입습니다. 그 후 투구와 호항을 쓰면 됩니다.

투구의 착용법

투구는 무겁고 거추장스러운 쓰개이기 때문에, 오래 전부터 요령을 피워 쓰는 경우가 많았습니다. 개항기 사진 등에서 자주 보이는 경우가 뒤로 젖혀 쓰는 것인데, 이마가리개와 드림을 젖혀 시야를 확보하고 무게 중심을 뒤로 옮겨 더 편하게 쓸 수 있었을 것입니다. 드림분리형 투구는 머리 좌우를 가리는 드림을 뒤나 위로 젖혀 쓰는 경우가 있었는데, 각종 무인석상이나 「대한제국 동가도」 등의 서화에서 확인할 수 있습니다.

조선 초기 갑옷의 받침옷

쇄자갑의 피삼皮衫은 으레 사슴 가죽으로 만드는 것인데, 충청도에는 사슴 가죽이 희귀하여 구하기가 어려우니, 피삼을 없애고 노루 가죽으로 안감을 하도록 청합니다.

- 『세종실록』 세종 7년(1425) 9월 25일

1.군사가 입는 의복은 통지하여 고찰하되, 모름지기 몸은 짧고 소매가 좁도록 할 것이며, 갑저고리는 지금 가는 경차관의 말을 들어서 두꺼운 종이를 사용하여 소금물에 4, 5번을 적시어 만들고, 사슬갑沙乙甲의 호항과 슬갑, 기마의 앞뒤를 가리는 종이도 위의 것에 의하여 만들게 하소서.

- 『성종실록』 성종 22년(1491)

무겁고 단단한 갑주는 무게를 분산하고 충격을 완충하기 위한 받침옷이 필요합니다. 특히 조선 초기에 사용된 쇄자갑이나 유엽갑은 유연하지 않은 철이 갑옷 안쪽에 그대로 닿기 때문에 받침옷이 필요합니다.

그렇기에 조선 초기에는 가죽이나 소금에 적신 종이 등을 엮어 저고리 형태의 받침옷을 지었는데, 이를 피삼皮衫(가죽저고리), 갑저고리 등으로 불렀습니다. 저고리 형식으로 만들어진 유물은 현전하지 않지만, 남이흥 장군의 녹피방령포와 녹피바지가 남아있습니다.

녹피방령포와 녹피바지는 17세기 방령포와 사폭바지의 형태를 하고 있습니다다만, 조선 초기에 사용되었을 피삼, 갑저고리는 방령의에 가까운 형태였을 것으로 보입니다.

또한 투구 안쪽에는 솜을 채워넣은 소모자를 입었을 것으로 추정됩니다. 육군 박물관에서는 좌우와 뒤를 가리는 드림이 달린 소모자가 소장되어 있는데, 드림이 달린 투구에 썼던 것으로 보입니다.

육군박물관 소장 소모자

남이흥(1576~1627) 녹피방령포와 녹피바지

조선 후기 갑옷의 받침옷

상이 이르기를,
"신광하는 죽음으로써 지킬 수 있는 자이다. 무신년(1728, 영조 4년)
에 총관으로서 입시하였는데, 깁으로 만든 철릭에 안에는 갑옷을
입었다. 이는 변란에 임하여 윗사람을 호위하겠다는 뜻이 있는 것
이다."하였다. 이집이 아뢰기를,
"갑옷을 입는 것은 그 집안의 법도입니다."
- 『승정원일기』 영조 6년(1730) 12월 26일

조선 후기에는 대부분의 갑옷이 두정갑으로 바뀌며 받침옷의 필요
성이 적어집니다. 그럼에도 장수들의 갑옷에는 내갑의라는 배자형
의 받침옷이 존재했습니다.

내갑의는 두정갑과 유사하게 철판 미늘이 내장되어 몸통 주요 부
위에 추가적인 방어를 제공하는 것을 목적으로 합니다. 대부분의
유물이 청색에 2개의 단추로 가슴 부분만 가리는 간단한 형태입
니다.

육군박물관에는 안에 쇄자갑이 내장되어 있는 큰 내갑의가 보관
되어 있는데, 형태로 보아 한국 갑옷이 아닌 일본 갑옷의 일종으로
보입니다.

소모자

라이프치히그라시민속박물관 소장 내갑의

육군박물관 소장 내갑의

육군박물관 소장
내갑의 비수

조선 초기 갑옷의 덧옷 – 포두

당나라 시기에 처음 등장한 군사복식인 포두包肚는 허리에 매단 무기와 갑옷이 서로 부딪혀 파손되거나 소리가 나는 것을 방지하기 위해 반원형의 직물을 허리에 두른 것으로 시작되었습니다.* 고려 불화나 조선 초기 『삼강행실도(1434)』류의 삽화에서 갑주 위에 포두를 두른 무사의 모습을 확인할 수 있습니다.

조선 후기 『무예도보통지』의 격구관복도설에서는 격구 복식으로 철릭과 과두裏肚를 입고 광조대를 띤다고 하였는데, 삽화를 보면 요대를 차고 위에 조대를 찬 것을 볼 수 있습니다. 포두의 전통이 조선 후기 요대로 내려왔음을 짐작할 수 있습니다.

『삼강행실도(1434)』에서 조선 초기 포두의 형태를 대략 확인할 수 있는데, 복잡한 경우 직사각형의 큰 포두를 안에 두르고, 속갑반束甲絆이라는 끈을 위에 두른 후 타원형의 작은 포두를 두르고 조대를 차는 것이 있습니다.

보다 더 간단한 것은 『악학궤범(1493)』의 황화갑에서 볼 수 있는데, 구름을 그린 타원형의 포두 2개를 양 옆구리에 두르고 위에 조대를 차는 것입니다.

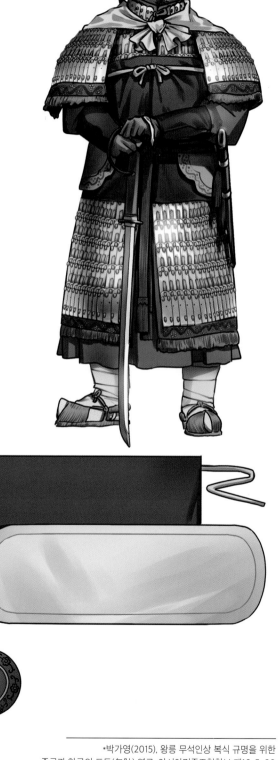

속갑반

삼강행실도 포두

악학궤범 황화갑 포두

*박가영(2015), 왕릉 무석인상 복식 규명을 위한 중국과 한국의 포두(包肚) 연구, 아시아민족조형학보 제16, 5~20

조선 후기 갑옷의 덧옷

상이 이르기를,
"옛날 그림 중에 갑옷을 그린 것이 있다."하니, 이유원이 아뢰기를,
"옛날 그림에 그려져 있는 것은 그 갑옷의 예전 제도입니다. 비갑臂甲、슬갑膝甲、면갑面甲、수갑手甲의 제도도 모두 있는데, 오늘날의 갑주는 두루마기 모양과 같고 옛날 제도가 아닙니다. 옛사람들은 속에 철갑을 입고 겉에 전포戰袍를 입었는데, 그러므로 일어설 때 쩔렁쩔렁하는 소리가 났습니다."
- 『승정원일기』 고종 11년(1874) 6월 25일

조선 후기에는 대부분의 갑옷이 두정갑으로 바뀌며, 안팎이 천으로 막혀있어 포두 등의 덧옷을 두를 이유가 사라집니다. 그런데 일반적인 경우는 아니나 「안릉신영도(1785)」, 「대한제국 동가도(19세기 말)」 등의 그림에서는 전복을 갑옷 위에 입는 경우가 관찰됩니다.

이는 소속부대를 나타내기 위하여 입었거나, 옛날 전포의 제도를 이어받고자 입었던 것 같습니다만, 일반적인 경우는 아니었기 때문에 추후 연구가 필요한 부분입니다.

| 동초관 | 남초관 | 중초관 | 서초관 | 북초관 |

대한제국동가도의 5초관

15~16세기의 수은갑과 유엽갑

지금의 제도는 쇠로 찰札(미늘)을 만들고 수은水銀을 바른 후, 가죽으로 엮어 만든 것을 수은갑水銀甲이라 한다. 미늘에 흑칠黑漆한 것은 유엽갑柳葉甲이라 한다. 생저피生猪皮로 미늘을 만들고 흑칠한 것은 피갑皮甲이라 하며, 종이를 접어 미늘을 만들고 흑칠한 것은 지갑紙甲이라 한다.

- 『국조오례의(1474)』

"중국中國에서는 금갑金甲을 입고 칼을 찼는데, 우리 조상에서는 수은갑水銀甲을 입고 칼을 찬 것은 반드시 중조의 예例를 모방한 것이니, 마땅히 예전부터 내려온 관례를 그대로 따르소서." (내금위의 궁전 패용 여부를 의논 중)

- 『문종실록』 문종 즉위년(1450) 8월 2일

"무릇 현재 군사 중에 철갑鐵甲을 입은 사람이 10명에 2~3명도 없고, 궁궐을 호위하는 군사나 변방을 지키는 군사도 그 갑옷이 가죽이 아니면 종이로써 겨우 점호나 받을 정도이니, 만일 교전하는 데에 몰아세워 강하고 날카로운 화살의 집중 공격을 받게 된다면 어육魚肉이 되지 않을 수 있겠습니까. 군사인 사람들이 또한 무쇠를 싫어하고 종이나 가죽을 좋아해서 그런 것이 아니라, 진실로 무쇠는 구득하기가 쉽지 않고 가죽은 무쇠보다 가볍고, 종이는 또한 값이 싸기 때문입니다."

- 『연산군일기』 연산군 6년(1500) 3월 22일

"병조와 도총부의 당상과 낭청이 착용할 두구頭具·활집弓帒·동개筒箇(화살통[矢服])은 각 20건을, 수은갑주水銀甲冑는 40건을…"

- 『명종실록』 명종 12년(1557) 7월 12일

수은갑水銀甲과 유엽갑柳葉甲은 모두 철제 미늘을 만들어서 가죽으로 엮어 만드는데, 미늘에 도금을 한 것은 수은갑, 흑칠을 한 것은 유엽갑이라 하였습니다. 오늘날에는 이렇게 미늘을 끈으로 엮어 만드는 갑옷을 통칭하여 찰갑札甲이라 부릅니다.

수은갑은 금군과 무관들을 중심으로, 유엽갑은 갑사 등 주요 병사들을 중심으로 사용되었습니다. 일반 병사들에게 철갑은 구하기 어렵고 무겁기 때문에 선호되지 못하였고, 1500년에는 군사 10명 중에 2~3명 이하만이 착용할 정도로 적은 수량이 사용되었습니다.

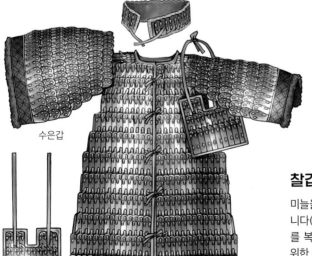

수은갑

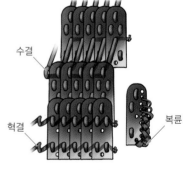

수결

혁결

복륜

찰갑의 제작

미늘을 엮을 때는 가로로 엮은 후(혁결革結) 상하로 엮습니다(수결垂結). 모서리에도 끈을 대어 마무리하는데, 이를 복륜이라 합니다.* 동래읍성 출토 찰갑과 같이 복륜을 위한 구멍이 없는 경우도 있습니다.

*박가영, 이은주(2009), 서애 류성룡 갑옷의 형태 복원을 위한 기초조사, 복식, 59(5), 1~18

15~16세기의 피갑과 지갑

"철갑鐵甲 24부部, 엄심掩心 60부, 지갑紙甲 18부, 철주鐵胄 67개, 백주帛胄 47개, 철호항鐵護項 13개, 창槍 97병…"
- 『태종실록』 태종 10년(1410) 5월 29일

호조에서 군기감의 첩보牒報에 의하여 계하기를 달마다 과課하는 지갑에 소용될 각도에 분정分定한 물품과 종이 수용收用에 대한 일을 계하였는데, "1. 일삭一朔에 지갑 10벌이면 1년에는 120벌인데, 본뜨는 휴지休紙 1020근, 이면裏面에 쓰이는 표지表紙가 120권, 엮는데 쓰이는 면사絲絲가 120근, 잇는[聯] 데 쓰이는 황색 면사가 180근, 송지松脂가 36두, 전칠全漆, 옻이 7두 2승升이 소용됩니다…"
- 『세종실록』 세종 6년(1424) 5월 25일

병조兵曹에서 아뢰기를,
"사신을 맞이할 때, 총통위銃筒衛 4백 40명이 지갑紙甲을 착용하고, 각각 총통을 들고, 대가大駕 앞 보패步牌 밖에 좌우로 나누어 늘어서서 시위하게 하고, 태평관太平館과 경복궁景福宮에서 접대할 때에도 또한 위의 항목의 예에 의하여 시위하게 하소서."
- 『문종실록』 문종 즉위년(1450) 6월 19일

"청컨대 새로운 모양의 피철갑皮鐵甲 대, 중, 소의 엽아葉兒, 미늘을 제도 도절제사 영에 보내어, 모양에 따라 조작하도록 거진巨鎭에 나누어 보내고…"
- 『세조실록』 세조 9년(1463) 1월 5일

피갑皮甲은 가죽으로 만들어 흑칠한 미늘을 가죽으로 엮어 만든 것이고, 지갑紙甲은 종이를 송진으로 접착시키고 흑칠하여 만든 미늘을 가죽이나 면사로 엮어 만든 것입니다.
피갑은 만들기 쉬워 철갑을 대신해 각 도에서 진상하게 하기도 하며, 지갑은 총통위가 착용하는 등 피갑과 지갑은 널리 활용되었습니다.

크고 작은 미늘

수은갑, 유엽갑, 피갑, 지갑은 모두 미늘을 엮어 만드는데, 유연하게 움직이기 위하여 부위마다 다른 크기의 미늘을 사용하였습니다. 일반적으로 몸통 부분의 미늘은 크고 어깨나 드림과 같은 움직임이 있는 부분의 미늘은 작게 합니다.
1463년에는 각 도 도절제사영에 대, 중, 소의 미늘 견양을 내려보내 견본에 따라 만들게 하기도 합니다.

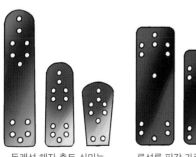

동래성 해자 출토 쇠미늘   류성룡 피갑 가죽미늘

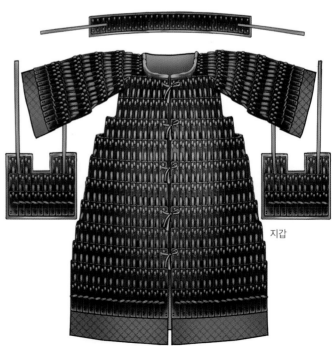

지갑

15~16세기의 쇄자갑

철사鐵絲로 작은 고리[小環]를 만들어 서로 꿰어 만든 것은 쇄자갑鎖子甲이라 한다.
철찰鐵札(쇠미늘)과 철환鐵環(쇠고리)을 서로 사이에 두고 엮은 것은 경번갑鏡幡甲
이라 한다.

- 『국조오례의(1474)』

환도 쇄자 보갑사는 좌우로 나누어 서고, 단창丹槍 광갑光甲(수은갑) 보갑사도
좌우로 나누어 세우고…

- 『세종실록』 세종 4년(1422) 8월 29일 발인 반차 중

도총제 박실朴實이 아뢰기를,
"숙위 군사宿衛軍士가 착용하는 쇄자갑鎖子甲은 그 품이 몹시 좁고 또 많
이 파손되어, 중국의 사신을 대하기가 몹시 무색하오니 마땅히 빨리 수선
할 것이요, 또 군기감軍器監의 월과군기月課軍器도 우선 그 수효를 줄이고,
먼저 파손된 갑옷을 수선하여야 되겠습니다."

- 『세종실록』 세종 12년(1430) 8월 3일(신미)

환갑주環甲胄 2부·사살(사슬) 갑주沙士乙甲胄 4부…

- 『만기요람(1808)』 군정편 3 / 어영청, 군기

이제초가 입었던 환갑環甲과 장검長劍은 선천부에 전해오는 옛 물건으로 어떤
사람들은 말하기를, "도독都督 모문룡毛文龍이 중국에서 가지고 와서 선천부에
놓아둔 것이다."하였다. 이제초가 죽자 칼과 갑옷은 박종묵과 김이해의 차지가 되
었다.

- 『서정일기 (1812)』

쇄자갑鎖子甲은 조그만 사슬들을 엮어 만든 갑옷으로 사슬갑옷이라고도 합니다.
쇄자갑은 조선 초기에는 갑사나 숙위 군사 등이 착용하였고, 각 도에서 진상하는 갑
옷이기도 했습니다. 조선 후기에도 군영이나 관청에 보관된 것이 있었는데, 1812년
홍경래의 난 때에도 선천부에 보관되었던 쇄자갑이 사용된 바 있습니다.
『세종실록 오례(1450)』와 『국조오례의(1474)』의 삽화가 약간 다른데, 세종실록의
것은 목 뒤를 높게 덮는 형태이며 국조오례의의 것은 목 둘레를 낮게 두르는 형태
입니다. 국립고궁박물관에는 세종실록의 것에 가까운 형태의 쇄자갑이 소장되어
있습니다.

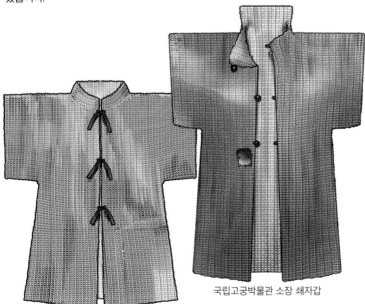

국조오례 쇄자갑

국립고궁박물관 소장 쇄자갑

쇄자갑의 제작

국립고궁박물관 소장 쇄자갑은 먼저 철사
로 고리를 만들고 다른 고리와 꿴 후, 고리
의 열린 부분에 두정(리벳)을 박아 빠지지
않게 고정한 방식이 사용되었습니다.

사슬 세부

15~16세기의 경번갑

"가죽으로 갑을 꿴 것은 여러 해가 지나면 끊어져 버리니···(중략)··· 내가 생각건대, 철로 꿴다면 썩지 않고 단단할 것이니, 폐단도 따라서 없앨 수 있다."

임금이 또 말하였다.

"이제 동지에 각도에서 바치는 철갑鐵甲은 아직도 가죽을 사용하여 짜고 꿰는 것은 실로 온당치 못하다. 이제부터 뒤로는 방물方物도 또한 견본에 따라서 만들어 바치도록 하라."

― 『태종실록』 태종 14년(1414) 11월 4일

경번갑鏡幡甲은 철판을 쇠사슬로 엮어 만든 갑옷으로 다양한 종류가 있었습니다.

경번갑은 1414년 이후로 유엽갑을 대신하여 각 도에서 진상하는 품목이 되었고, 임진왜란 때 정지장군의 경번갑을 의병장 김덕령이 입기도 하였습니다. 조선 후기에는 경번갑을 특정하여 지칭한 사료는 잘 보이지 않습니다.

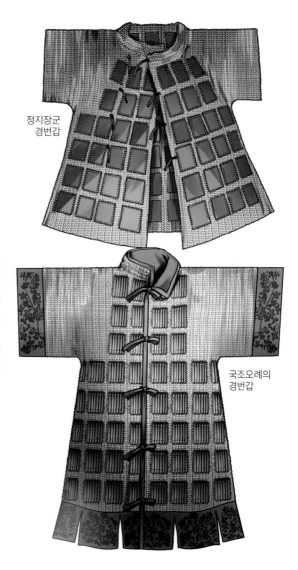

정지장군
경번갑

국조오례의
경번갑

경번갑의 제작

철판의 구성에 있어서는 정지 장군(1347~1391)의 경번갑은 큰 철판을 엮어 만들었는데, 『세종실록 오례(1450)』나 『국조오례의(1474)』의 경번갑은 유엽갑의 철찰을 사용한 것으로 보입니다. 유엽갑의 철찰을 사용한 경번갑은 일제강점기 부츠 박사가 찍은 사진에서도 확인 가능합니다.

또 세종실록 오례의 경번갑은 철찰의 위아래가 겹쳐져 있는데, 국조오례의의 것은 철찰의 위아래 간격이 떨어져 있는 등 같은 시기에도 엮는 방식의 차이가 있었던 것으로 보입니다.

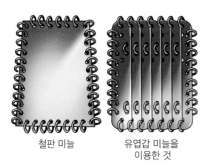

철판 미늘   유엽갑 미늘을
이용한 것

15~16세기의 황동두정갑

두정갑頭釘甲이 있으니 두 가지 종[兩色]이다. 하나는 청면포青綿
布로 옷을 만드는데, 철찰을 엮어 소조塑造하고 철두정鐵頭釘을
별처럼 늘어뜨려 배열한다. 하나는 홍단자紅段子로 웃옷을 만들
고, 속은 연녹피烟鹿皮(연기를 쐰 사슴 가죽)를 사용하며 별도로
소매를 만들고 끈[紐]이 있으며 황동 두정頭釘을 박는다. 넓은 홍
색 조대條帶가 있다.

- 『국조오례의(1474)』

두정갑頭釘甲은 옷을 만들고 옷 안에 철이나 가죽제 미늘을 대갈
못(두정頭釘)으로 고정하는 갑옷입니다.
황동두정갑은 방령깃을 가진 갑옷과 갑상, 비수, 호액이 있는 방
호부위가 넓은 상하분리형 갑옷으로, 가죽 미늘을 넣었습니다.
무관이나 갑사 등 주요한 병종이 사용하였을 것으로 보입니다.
그러나 다른 갑옷과 비교하여 각 도에서 만들어 바치거나 특정
병종이 착용한다는 내용의 사료가 보이지 않기에, 일반적인 갑옷
은 아니었을 것으로 보입니다.

두정갑의 제작

두정갑은 겉감과 미늘에 1~3개의 대갈못을 박아 겉감과 미늘을
고정하는 방식으로 제작합니다.
두정갑의 미늘도 찰갑과 유사하게 부위에 따라 다른 크기의 미늘
이 사용되었으며, 시기와 갑옷의 종류에 따라 다양한 종류가 있
었습니다.

대갈못

미늘

망치로 쳐 고정

국조오례의 황동두정갑

15~16세기의 두정갑

『국조오례의』에서는 황동두정갑과 함께 '두정갑'도 서술하고 있습니다. 청면포로 만들어 쇠미늘에 철두정을 박아 만드는 이 두정갑은 방령 혹은 번령에 중앙에서 끈으로 여미는 포형 갑옷입니다. 이 두정갑도 그 사용범위를 알기 어렵습니다.

『악학궤범(1493)』의 의식용 갑옷인 오색단갑에서 당시 포형 두정갑의 또 다른 형태를 볼 수 있는데, 방령깃에 중앙에서 단추로 여미며 양옆에서 약간 뒤쪽이 트여있으며, 옆구리와 소매 아래쪽에 단추와 끈을 달아 더 단단히 입을 수 있도록 했습니다.

후술할 17세기 정충신 장군의 방령 두정갑에서도 오색단갑의 요소가 남아있는 것을 볼 수 있습니다.

국조오례의 두정갑

악학궤범 오색단갑

15~16세기의 두두미갑

두두미갑頭頭味甲이 있으니 두 가지 종[兩色]이다. 하나는 청단자靑段子로 웃옷을 만들고 속은 연녹피를 사용하며 백은색과 황동색의 두정頭釘을 서로 교대로 박고 오색으로 짠 띠가 있다. (다른) 하나는 제도가 같으나 웃옷은 홍단자紅段子를 사용하고 띠는 넓은 홍색 조條를 사용한다.

- 『국조오례의(1474)』

"본감本監(군기감)에서 일찍이 두두미갑豆豆味甲 8부部와 별철갑別鐵甲 3부部를 월과月課로 하였으나…"

- 『태종실록』 태종 14년(1414) 11월 4일

"소엽아 수철갑小葉兒水鐵甲 10부部를 만들어 두두미頭頭味와 서로 섞어 시위侍衛하게 하고, 갑옷은 모두 아청 면포雅青綿布를 쓰게 하소서…"

- 『성종실록』 성종 24년(1493) 3월 5일

"방금 상의원 관원을 불러다가 물어 보니, '평시平時에는 무자년(1588)과 정해년(1587) 연간年間에 어명으로 본원에서 두두미갑을 만들 때 공역이 매우 컸던 나머지 계청하여 죄인을 직접 수감하도록 한 적이 있는데…"

- 『승정원일기』 인조 3년(1625) 4월 24일

두두미갑頭頭味甲은 두정갑의 일종으로, 비단으로 만들어 백은 두정과 황동 두정을 번갈아 박고, 안쪽에는 가죽을 대며, 홍색이나 오색의 띠를 늘어뜨린 화려한 갑옷입니다.
두두미갑은 조선 초기부터 16세기 후반까지 국왕을 시위하는 금군 등이 수은갑과 함께 사용했던 것으로 보입니다.

국조오례의 두두미갑

15~17세기의 엄심갑

"연례年例로 쓰는 군기軍器 가운데 지갑紙甲은 본래 빛깔이 없고 종이 먹기 쉬우며, 만들기도 쉽지 않은데다 실용 가치가 없다.'합니다. 만약 청색 엄심掩心으로 대신한다면, 빛깔도 있고 견실하여 접전接戰할 때에 창과 화살이 깊이 들어갈 수 없을 것입니다…"

- 『태종실록』 태종 6년(1406) 윤 7월 14일

"신이 벽단진碧團鎭에 와서 보니, 군사가 엄심掩心을 입은 자가 있으므로 데려다 물어 보니 그의 말이, '종이를 소금물에 담갔다가 햇볕에 말리어 가지고 베와 실로 섞어 꿰매며, 또 검은 무명으로 밖을 싸고 흰 베로 안을 받치는데 사이사이에 종이 노끈을 둘러 맺기를 못대가리같이 하므로 화살이 잘 들어오지 않고, 활을 쏘기에도 편리하며 겸하여 적을 막을 수도 있을 뿐 아니라, 공력도 갑옷 만드는 것처럼 어렵지 않다.' 합니다."

- 『연산군일기』 연산군 5년(1499) 10월 23일

"옷을 만드는 방법은 먼저 종이를 두텁게 깔고 삼승포를 안팎에 붙이고 종이로 만든 노끈을 둥글게 맺어서 개암 열매 정도의 크기나 밤 크기로 만들어 빽빽하게 서로 붙게 하여 노끈으로 꿰어서 옷안에 매달면 되는 것입니다. 설면자雪綿子를 종이 사이에 깔면 더욱 신묘합니다."

- 『선조실록』 선조 31년(1598) 1월 20일

"지갑紙甲이 가장 편리하므로 지갑을 많이 만들라고 군기별조청軍器別造廳에 분부하셨습니다. 들으니, 지갑 하나를 만드는 데에는 후지厚紙 5근斤, 고면자故綿子 3근, 송지松脂 4근이 들어간다고 합니다…"

- 『승정원일기』 인조 5년(1627) 5월 24일

엄심갑掩心甲(엄심掩心)은 종이를 주재료로 하는 갑옷입니다. 엄심이라는 단어의 뜻과, 낮은 계급의 군사들에 의해 사용되었다는 기록을 고려하면 배자 형태의 가슴과 등만 가리는 갑옷이었을 것입니다. 임진왜란 이후에는 이 엄심갑을 지갑紙甲이라고도 부릅니다.

엄심갑은 조선 초기부터 일반 군병에게 널리 사용되었으나, 1653년 훈련도감에서 피갑을 지급한 이후 주요 군영에서 사라진 것으로 보입니다.

명나라 병서 『무비지(1621)』에서는 물고기 비늘 형태로 바느질한 누비옷이 지갑으로 소개되는데, 앞이 길어 무릎까지 내려오며 앞에서 열고 닫는 형태입니다. 임진왜란 이후 만들어지는 엄심갑은 무비지와 같은 형상이었을 수 있습니다.

엄심갑 외에도 직물 투구로 백주帛冑가 있는데, 명나라의 병서 『무비요략』에 소개된 지회포紙盔包가 그와 유사했을 것으로 보입니다.

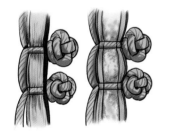

벽단진 군사의 | 유격 진린의
엄심(1499) | 지갑(1598)

엄심갑의 제작

조선 초기의 엄심갑은 겉감과 안감에 면을 쓰며 종이 심지를 넣고 지승끈으로 엮어 만드는데, 바깥에 지승 매듭을 크고 빽빽하게 지어 사이로 화살이 들어가지 않게 합니다.

임진왜란 때 진린이 소개한 지갑은 삼승포를 쓰며 설면자(목화솜)가 추가로 들어갑니다.

무비요략의 지회포

무비지의 지갑

엄심갑(추정)

16~17세기의 피갑

"두갑頭甲(투구)은 쇠를 가지고 고제古制에 의거하여 이미 완성하였습니다. 갑의甲衣도 모두 다 만들었고…(중략)…신들이 무사武士가 사사로이 갖고 있는 피갑皮甲과 방전防箭을 보니 철갑에 못지않았고 또한 입기도 매우 편리하였습니다."
- 『승정원일기』 인조 8년(1630) 8월 24일

상이 이시백에게 이르기를,
"앞으로 나오라. 지난번에 계달한 갑주甲冑를 제작하고 싶은가?"하니, 대답하기를,
"한창 만들고 싶은 생각뿐입니다. 신이 보았을 때 전에 유엽柳葉으로 만든 갑옷은 한 곳이 훼손되면 그에 따라 전부 훼손되었고, 입고 있는 옷도 쉽게 손상되었으므로 청나라 제도에 따라 만들고 싶습니다. 육진六鎭에 잘 만드는 자가 있으니 그 사람을 불러다가 제작하게 하면 될 것이지만, 소용될 수천 석의 숯에 대해서는 아직까지 잘 처리하지 못하였습니다."하자, 상이 이르기를,
"-2자 원문 빠짐- 안에 소장되어 있는 갑옷을 꺼내어 보았더니, 청나라의 제도와는 다르고 -2행 남짓 원문 빠짐- 새로 만들 갑옷이 예전 것보다 갑절이 낫다면 괜찮을 것이나, 그렇지 않다면 어찌 훼손시켜 가며 개조할 필요가 있겠는가."…(중략)…이시백이 아뢰기를,
"예전의 갑옷은 가볍고 보관이 쉬웠으며, 때로는 기름칠을 해 두면 파손되는 일이 본래 없었습니다. 물력이 비록 당갑唐甲보다 배나 들기는 해도 만들고 나면 오래 사용할 수 있습니다만, 성상의 하교가 이와 같으시니 앞으로는 엽갑葉甲을 만들겠습니다. 그리고 부족한 것은 더 만드는 것이 어떻겠습니까?"
- 『승정원일기』 인조 26년(1648) 10월 13일

17세기에도 가죽과 철을 끈으로 엮어 만든 찰갑은 여전히 사용되었습니다. 이들은 두정갑이 주된 갑옷의 자리에 올라오며 서서히 사라집니다.
당시의 유물로 류성룡의 피갑이 남아있는데, 이전 국조오례의의 묘사와 달리 어깨끈을 통해 오른쪽 측면에서 열고 닫는다는 특징이 있습니다. 또 말타기에 편하도록 전면 하단이 조금 트여있으며, 앞길이 뒷길보다 긴 전장후단형의 형상입니다.

류성룡(1542~1607)
피갑*

류성룡 투구

*박가영, 이은주(2009), 서애 류성룡 갑옷의 형태 복원을 위한 기초조사, 복식(服飾, JKSC) Vol.59, No.5 참고

16~17세기의 유엽갑

"본시는 무고武庫를 관장하는 중요한 관서입니다. 그러나 난리 이후에는 기계가 고갈되었으니, 예를 들어 갑주로 말하자면 −5, 6자결− 수은 투구水銀頭具 42정頂으로 그 숫자…(중략)…수은 파갑水銀破甲 78개와 파철 투구破鐵頭具 38정이 창고에 쌓여 있는데, 만약 수습하지 않고 그대로 버려둔다면 끝내 쓸모없는 물건이 될 것이니 매우 안타깝습니다."

　　　　　　　　　　　　　－『승정원일기』 인조 26년(1648) 7월 8일

이완이 아뢰기를,
　"비수는 금군들이 잘 간직하지 못하면 도리어 무용지물이 됩니다. 광명갑光明甲(수은갑)을 만들지 못하게 하고, 비수를 제거하면 1부部에 들어갈 것으로 2부를 만들 수 있으니, 이렇게 공력을 허비할 수 없습니다."
상이 이르기를,
"좋은 말이다. 그러나 금군은 보통 마병과 다르니 광명갑을 착용하게 하려는 것이다."

　　　　　　　　　　　　　－『승정원일기』 효종 6년(1655) 6월 3일

수은갑과 유엽갑도 17세기까지 사용되었습니다. 그중에서도 금군은 17세기 중반까지도 광명갑, 즉 수은갑과 비갑을 사용했는데, 비용과 관리 등의 문제로 점차 두정갑에 그 자리를 내어준 것으로 보입니다.
유엽갑의 경우 온전한 것이 동래읍성 해자에서 발굴된 바 있는데, 전면부에 트임이 확인되지 않아 류성룡의 피갑과 같이 어깨끈을 이용하며 측면에서 열고 닫았을 것으로 추정됩니다.

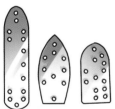

2차 출토 쇠미늘

동래성 해자 출토 찰갑편

동래성 해자에서 발굴된 갑옷은 1차로 거의 온전하게 출토된 것만이 유명하지만, 2차로 출토된 찰갑도 있습니다.
2차로 출토된 찰갑은 온전한 형태로 발굴된 것은 아니나, 류성룡의 피갑과 유사하게 복륜을 위한 구멍이 나 있고, 납-주석 합금으로 도금이 되어 있어 장수가 사용하던 수은갑의 미늘이었을 것으로 보입니다.*

―――――――――――――
*부산박물관(2009), 조선 전기 동래읍성 해자 출토 찰갑, 부산박물관 학술연구총서 제30집

동래읍성
해자 출토
유엽갑

17세기 초반 정충신의 방령 두정갑

"우리나라에는 원래 은갑隱甲, 오갑烏甲, 수은갑水銀甲이 있고 혹은 당제唐
制나 왜제倭制 같은 것이 있는데…"
　　　　　　　　　　　　　　　 - 『승정원일기』 인조 5년(1627) 5월 14일

17세기에도 두정갑은 사용되었습니다. 두정갑의 특성상 갑찰이 바깥으로
노출되지 않기에 은갑隱甲이라고도 불렀던 것 같습니다. 이 시기부터는 두
정갑이 주된 갑옷이 되며 두정갑이라는 명칭보다는 목면철갑, 단피갑 등
겉감과 미늘의 소재로 갑옷을 명명하는 경우가 많아집니다.

이때 장관의 두정갑으로 정충신(1576~1636)의 갑옷이 현전합니다. 갑옷
은 황색 운문단에 깃은 방령이고 중앙 부분에는 홍색 가죽을 대어 보강하
였습니다. 양옆에는 트임이 없고 뒷중심선만이 트여있어 양쪽이 잘 가려지
도록 한 것이 특징입니다. 전체적인 형태가 『악학궤범(1493)』의 오색단갑
의 형태와 흡사하여 조선 초기 두정갑의 영향이 남아 있었음을 짐작할 수
있습니다.

갑옷과 함께 괴목나무 투구도 전해졌다고 하나, 현재 도난 상태로 세부적
인 내용은 알 수 없습니다. 그림에선 철제 첨주로 그려주었습
니다.

괴목나무 투구(추정)

정충신(1576~1636)
갑옷

견철

17세기 무관의 두정갑

임진왜란 때 의병장으로 활동했던 정공청과, 평안병사를 지냈던 조필달(1600~1664)의 갑옷은 17세기 초중반 무관용 두정갑의 양식을 보여줍니다.

정공청 장군의 갑옷은 초록색 운문단에 깃은 원령이고, 조필달 장군의 것은 맞깃인데, 임진왜란 때 명나라에서 유입된 두정갑의 영향이 아닐까 싶습니다. 정충신 장군의 두정갑과 같이 양옆에 트임이 없고 뒷중심선만 트여있어 양쪽이 잘 가려지도록 하였습니다.

17세기 포형 갑옷으로 현전하는 유물 모두 미늘이 없는 갑옷인데, 이 당시 실제 미늘이 있는 갑옷의 형태를 알 수 없다는 점이 아쉬운 부분입니다.

정공청 투구

정공청 갑옷

조필달 갑옷

17세기의 당갑

"우리나라에는 원래 은갑隱甲, 오갑烏甲, 수은갑水銀甲이 있고 혹은 당제唐制나 왜제倭制 같은 것이 있는데…"

　　　　　　　　- 『승정원일기』 인조 5년(1627) 5월 14일

김육이 병조의 말로 아뢰기를,
"호갑胡甲 200부部와 당갑唐甲 100부 도합 300부를 지금 이미 다 만들었으므로…"

　　　　　　　　- 『승정원일기』 인조 19년(1641) 5월 30일

당갑은 당시 명나라의 갑옷을 말합니다. 특히 임진왜란 이후 군제를 개편하고 군비를 재건하는 과정에서 당갑 또한 적지 않게 유입되었으며, 또 만들어지기도 하였습니다.
당시 명나라에서는 포형의 두정갑옷이 주로 사용되었으나, 조선의 것과 달리 소매가 달려있지 않은 것이 많고, 대신 어깨부터 손 등까지 내려오는 특유의 비갑이 특징입니다. 현전하는 유물은 없으나 각종 서화에서 확인할 수 있고, 청나라 누르하치의 두정갑이 명나라의 갑옷과 유사하다고 평가받습니다.

명나라의 비수

어깨부터 팔목까지를 가리는 특유의 비수는 명나라 중후기의 회화에서 자주 나타납니다. 명나라의 유물은 없지만, 포형으로 생겨 명나라 두정갑과 유사하다고 평가받는 누르하치의 갑주에서 그 형태를 볼수 있습니다.
그림은 누르하치의 것을 바탕으로 하되, 『무비지』 등 명대의 자료를 참작하여 어깨 부분의 미늘은 반원형으로 고쳐 그렸습니다.

당갑(추정)

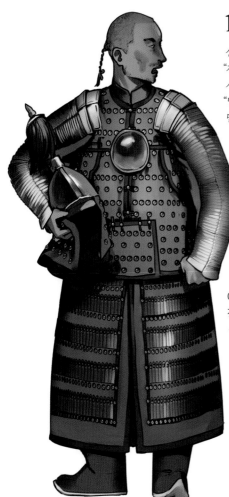

17세기의 호갑

상이 이르기를,
"지금 만든 갑주甲冑는 그 두께가 얇은 듯한데 경의 생각에는 어떠한가?"하니, 이
서가 아뢰기를,
"당갑唐甲과 호갑胡甲을 신이 모두 보았습니다. 그래서 그 무게와 두께를 헤아려서
만들었습니다만, 치장을 한 뒤에는 어떨지 모르겠습니다. 호갑에는 또 가슴가리
개(폐흉蔽胸)가 있는데 흉배같이 생긴 것입니다."
하였다. 상이 이르기를,
"가슴가리개라는 물건을 더 만들도록 하라."
- 『승정원일기』 인조 7년(1629) 7월 14일

군공청軍功廳의 말로 아뢰기를,
"…일전에 그 군대가 들어왔을 때 보니 모두들 호병胡兵의 갑주를 착용하고
있었습니다. 싸우지 않고 어떻게 이러할 수 있겠습니까…"
- 『승정원일기』 인조 15년(1637) 2월 17일

호갑은 당시 후금-청나라의 갑옷을 말합니다. 당갑과 함께 17세기 조선의 갑주
에 큰 영향을 준 것으로 보이는 갑옷입니다.
정묘호란과 병자호란 등을 거치며 노획 등을 통해 유입되었는데, 조선에서는 호
갑을 직접 만드는 등 도입에 적극적이었습니다.
당시 후금-청나라는 팔기를 중심으로 한 기병이 주요한 병종이었고, 따라서 갑
옷도 상하분리형이 주류였습니다. 종류도 한 개는 아니어서 수은갑과 같은 찰
갑도 사용되었지만, 일반적으로는 두정갑을 사용한 것으로 보입니다.
조선에서 본떠 만들고자 했던 호갑은 상하분리형에 경갑, 비수, 엄심 등 부속
구를 잘 갖춘 중갑이었을 것입니다. 당시 청나라의 유물로 홍타이지의 갑옷이
남아있는데, 인물 그림에선 홍타이지 갑옷을 바탕으로 장식을 제한 모습을 추
정하여 그렸습니다.

황조예기도식의 전봉갑주

청나라의 각종 의장물과 무구를 담은 책인
『황조예기도식(1759)』의 전봉갑과 전봉주에
서는 18세기 변화한 청나라의 갑주를 관찰할
수 있습니다.
17세기의 갑주와 비교하여 비수의 사용이
줄어들고 견갑으로 대체되며, 갑상의 미늘
수도 줄어듭니다.
후술할 조선 갑주의 변화와도 유사한 부
분이 있어 흥미롭습니다.

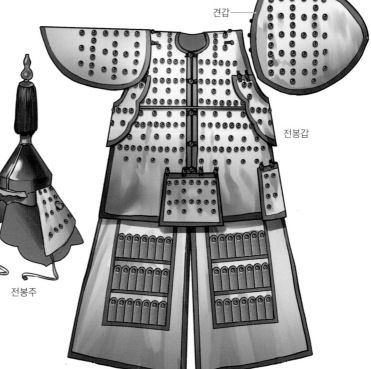

견갑

전봉갑

전봉주

17세기의 상하분리형 갑주

두표가 아뢰기를,
"만약 갑옷을 군사로 하여금 착용하게 하면 몸을 굽히지 못할 것이니, 제도에서 비갑과 상(갑상)을 덜어 내어 하나의 갑옷으로 만들면 어떻겠습니까?"라고 하였다.
이완이 아뢰기를,
"활을 당겨 쏘는 데에 비갑을 덜어내면 무게를 덜어낼 수 있습니다. 또 하나의 갑옷으로 만든다면…(중략)…호인은 중국의 좋은 제도를 보았을 것이니 반드시 본받을 것이 있을 것입니다. 전에 전장에서 버려진 것을 보았는데 그 제도가 매우 좋았습니다."
상이 이르기를,
"갑옷은 반드시 느슨하게 둘러 활을 당기는 데 편리하여야 하지만 화살도 쉽게 들어가선 안된다. 우리나라는 평상시에 갑옷을 입는데 호인胡人은 전투에 나아갔을 때만 착용한다…"

－『승정원일기』 효종 6년(1655) 6월 3일

17세기 무기 제작 현황을 담고 있는 『어영청구식례』에 따르면, 도금피갑주는 전체중량은 31근 9량(약 20kg)이고 초록우단과 남방사주로 된 갑옷과 갑상이 있으며, 두석으로 된 견철, 투구와 풍차(투구 드림), 은입사가 된 비수를 포함하고 있습니다. 엄심과 호액의 존재 여부는 확인할 수 없지만, 있었을 가능성이 있습니다.
이 시기 유물로 이완 장군(1602~1674)의 투구와 갑옷 미늘이 남아있는데, 두정에는 은입사가 되어있고 각진 투구 등에서 청나라 갑주의 영향이 보입니다. 이러한 갑주는 무관과 기병을 중심으로 사용되었을 것으로 보입니다.

어영청구식례 갑주(추정)

갑옷

갑상

이완 투구   비수

어영청구식례 비수

『어영청구식례』에서는 도금피갑주의 재료로 은입사된 비수엽 78개를 제시하고 있습니다.
그림의 비수는 비수엽 13개가 3줄씩, 좌우 각각 39개가 있었다고 추정하여 그렸습니다.

18세기의 상하분리형 갑주

이주진이 아뢰기를,
"한범석韓範錫이 비갑臂甲을 착용하지 않은 것은 몹시 잘못된 일입니다. 각별히 신칙하여 이 뒤로는 이렇게 하지 못하도록 하는 것이 어떻겠습니까?"
하니, 상이 이르기를,
"그리하라."

- 『승정원일기』 영조 14년 (1738) 8월 19일

18세기에도 상하분리형 두정갑은 사용되었는데, 여반 장군(1699~1773)의 두정갑이 남아 있습니다. 북한 함경북도 온성군에도 유사한 남색 피갑이 소장되어 있습니다. 국립중앙박물관에도 여반 장군과 유사한 녹색 운문단으로 된 18세기 초반의 갑상이 소장되어 있습니다.

여반 장군의 두정갑은 호항과 호액, 비수 등의 부속구가 모두 갖추어진 일습인데, 다만 엄심은 전하지 않습니다.

투구는 다른것에 비하여 좌우의 드림이 짧아 본래 호항과 옆드림이 연결되어 있어 호항이 드림 아래를 가려주는 구조였을 것으로 보입니다.

이러한 상하분리형 피갑주는 18세기 무관이나 기병 등을 중심으로 사용되었을 것으로 보이나, 19세기에 가면 보기 힘든 갑옷이 됩니다.

여반 장군 비수

여반 장군의 비수는 『어영청구식례』의 것과 달리 각각 수백여 개의 비수엽으로 이루어져 있는데, 시기적으로 갑옷이 더 장식화되는 경향이 반영된 것으로 보입니다.

비수

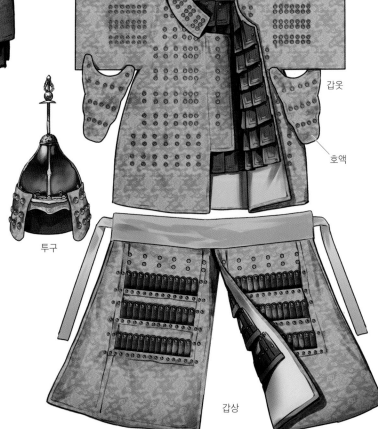

호항

여반(1699~1773) 갑주

갑옷

호액

투구

갑상

18세기 무관의 전갑주

헌괵례獻馘禮를 거행했는데, 오명항이 황금 투구에 붉은 갑옷을 입고 꿇어앉아…
 - 『영조실록』 영조 4년(1728) 4월 19일

이삼이 아뢰기를,
"갑주甲胄를 변통할 일이 있기에 두려운 마음으로 감히 아룁니다. 작년 변란 때 하사한 갑주가 아래는 무겁고 옆은 좁아 입었을 때 땅기는 곳이 많아 마음대로 화살을 쏠 수가 없었습니다. 그러므로 변통하고자 하는데 일의 체모가 매우 중하니 어떻게 해야겠습니까?"하니, 상이 이르기를,
"진상한 갑주가 군문의 갑주와 차이가 있는가? 진상한 갑주는 장사壯士라도 입기 어렵다."하자, 장붕익이 아뢰기를,
"금군禁軍의 갑주는 소매가 넓기 때문에 입을 만하지만 진상한 갑주는 말타기나 활쏘기를 할 수가 없습니다."하고, 이삼이 아뢰기를,
"군문의 철갑은 몸에 편하고 입기 쉬운 데 비해 진상한 갑주는 매우 무겁고 입기 어렵습니다. 그리고 못을 배열한 것 또한 다릅니다."
 - 『승정원일기』 영조 5년(1729) 12월 20일

18세기 무관은 여반 장군처럼 상하분리형 갑옷을 사용한 예도 있지만, 포형 갑옷을 입는 경우가 많았습니다. 이때 장관의 갑옷은 홍색 전으로 되어 황동두정과 각종 조각, 장식판을 달아 매우 화려하게 만들어 졌습니다.
이때 유물로는 충렬사 소장 다대진첨절제영 갑주와 야스쿠니신사 유취관 소장 갑주, 이봉상 장군의 원수, 부원수명 갑주를 꼽을 수 있을 것입니다.
다대진첨절제영 갑옷은 홍색 전을 사용하였고, 황동두정을 박아 갑찰을 고정하고 어깨에 견철이 있던 흔적이 있습니다. 이때 갑찰이 팔까지 빈틈없이 이어져서 팔을 유연하게 움직이기 어려웠을 것으로 보이는데, 실제 진상되는 어갑주에 대한 문제 제기도 있었습니다. 후술할 18세기 후반~19세기 무관의 전갑주는 군사들의 것과 유사하게 빈틈을 주어 팔을 움직이기 편하게 합니다.

충렬사 소장
다대진첨절제영
갑옷

다대진첨절제영 투구

18세기 초반 이봉상의 전갑주

18세기 초반 사용자가 알려진 갑주로 무신란 당시 순절한 이봉상(1676~1728)의 원수명 갑주와 부원수명 갑주가 육군박물관에 소장되어 있습니다.

이봉상 장군의 원수 갑옷은 홍색 전을 사용하였고, 황동두정을 박아 동제 갑찰을 고정하고 어깨에 견철이 있던 흔적이 있습니다. 부원수 갑옷은 견철의 흔적을 찾아볼 수 없습니다. 두 갑옷 다 동제 미늘이 내장되어 있습니다.

투구는 가죽으로 만들어졌고, 원수명 투구는 용 모양의 황동장식을 단 화려한 모습이고, 부원수명 투구는 황동장식을 단 형식입니다.

부원수명
투구

원수명
투구

이봉상 원수 갑옷

이봉상 부원수 갑옷

18세기 장관의 장단갑주

대장이 갑주를 갖추었으면 군병과 같이 해야 한다. 지금은 군병이 피, 철갑을 입고 장수는 바깥을 꾸민 단갑飾外之段甲을 입으니 이 어찌 감고를 같이 하는 뜻이겠는가. 더구나 어갑주도 외면만은 꾸미지 않았는데 대장이 어찌 감히 이처럼 식양지갑飾樣之甲을 입을 수 있겠는가. 또 습조習操는 습의習儀인 것이다. 항상 이 갑옷을 입다가 전진에 이르러 진짜 갑옷을 입으면 평상시에 몸에 붙여보지 않은 자가 어떻게 익숙하게 몸을 움직이겠는가.

— 『비변사등록』 영조 18년(1742) 08월21일

대개 식양갑飾樣甲이란 무늬 있는 비단으로 꾸며서 만든 갑옷이다.

— 『영조실록』 영조 18년(1742) 08월16일

국립고궁박물관에는 '단동갑'으로 명명된 갑주가 한 점 소장되어 있습니다. 갑옷은 홍색 직금장화단을 사용하였고, 황동두정을 박아 동제 갑찰을 고정하고 어깨에 용 모양의 견철이 있어 장관급의 갑주였다는 것을 짐작할 수 있습니다. 투구는 가죽제이지만 이완 장군의 철투구가 3단으로 각이 져 있는 것과 유사하게 줄이 3개 그어져 있어 그 영향을 짐작할 수 있습니다.

전체적으로 금속 장식 부분은 다른 것에 비해 질박하지만, 직금장화단과 같은 화려한 직물은 다른 장수의 갑옷에서 보기 힘듭니다. 1742년 영조의 식양갑에 대한 금지 이전의 갑주이기에 화려한 직물을 사용할 수 있던 것이 아닐까 싶습니다.

동제 미늘

상이 이르기를, "병기가 철갑鐵甲으로 들어갈 수 있는가?"
(구선행이) 대답하기를, "철갑은 동은갑銅銀甲의 견고함만 못합니다."
상이 이르기를, "경은 무슨 갑옷을 쓰는가?"
대답하기를, "동갑銅甲입니다."

— 『승정원일기』 영조 31년(1755) 9월 5일

18세기에는 장교의 갑주에 동제 미늘을 사용하는 것이 유행하였습니다.

겉으로 보이지 않는 부속이지만 보배무늬를 음각하였는데, 단순한 사치였을 수도 있지만 나쁜 기운을 쫓는 벽사의 의미 또한 담았을 것입니다.

단동갑의 동제 미늘

국립고궁박물관
소장 단동갑*

국립고궁박물관
소장 투구*

*경운박물관(2020),
『조선의 군사복식, 구국의 얼을 담다』 참고

18~19세기 가전별초의 장단갑주

"본청 교련관 이희철이 감독한 월과조총 471병, 별초장단갑주 50부…"

— 『어영청등록』 영조 22년(1746) 11월 25일

각색 장단피갑주 50부…

— 『만기요람(1808)』 군정편 3 / 어영청 군기

18~19세기 어영청의 정예 기병으로 어가 앞에서 왕을 호위하였던 가전별초駕前別抄는 직금장화단으로 된 장단갑주壯緞甲冑를 입었습니다.

라이프치히그라시민속박물관에는 장단갑주가 한 점 소장되어 있는데, 같이 소장된 투구의 드림과 갑옷의 색과 문양이 다른 것이 특징적입니다.

갑옷은 홍색 직금장화단을 사용하였고, 옆트임은 있으나 뒷트임은 없습니다. 미늘은 가죽입니다. 투구는 가죽제로 홍색 바탕에 마름모꼴로 금입사 장식이 되어있고, 근철은 금동제입니다. 드림에는 하늘색의 직금단을 사용하였습니다.

이 외에도 표트르대제 인류학민족학박물관에 유사한 형태의 남색 장단갑주가 소장되어 있습니다. 회화와 기록을 참고하면, 다양한 색의 장단갑주가 사용되었을 것으로 추정됩니다.

라이프치히그라시민속박물관
소장 투구

표트르대제 인류학민족학박물관 소장 장단갑주

라이프치히그라시민속박물관 소장 장단갑주

18~19세기 금군의 목면갑주

삼승갑주三升甲冑 100부 -내삼청內三廳의 수직소에 나누어 준다.
목면갑주木綿甲冑 513부 -508부는 7번 금군에게 나누어 준다.
- 『만기요람』 군정편 2 / 용호영(금군) 군기

18~19세기 금군은 궁궐에 입직하여 근무할 때는 삼승갑주를 입었으며 평상시에는 목면갑주를 입었습니다.

금군인 1겸사복 최기룡의 목면갑주가 라이프치히그라시민속박물관에 남아있는데. 운문과 원용문이 인쇄된 무명에 철두정으로 철찰을 고정하였으며, 앞길이 뒷길보다 긴 전장후단형으로 승마시의 편의를 도모하였습니다.

투구 드림은 갑옷과 문양이 약간 달라 만자문과 원용문이 인쇄되어 있습니다. 이 투구에도 마름모꼴의 금입사가 되어있었을 것으로 보입니다.

「조대비 사순칭경진하도 병풍」 등 조선 후기 각종 행사기록화에서는 금군의 투구와 갑옷의 색상이 다르며 매우 다양하였던 것으로 묘사되는데, 삼승갑주나 목면갑주의 색도 다양한 조합이 있었을 것으로 보입니다.

라이프치히그라시민속박물관
소장 목면갑주

兼崔基龍

조대비 사순칭경진하도 병풍(1847) 금군

18~19세기 가후금군의 금단갑주

"금군禁軍을 나라에서 특별하게 대우하여 때때로 특별히 물력을 지급하여 군장이나 기계와 같은 것을 마련하게 합니다…(중략)…그 가운데 갑주 50건은 모두 대단大緞으로 만들었는데 햇수가 오래되어 부서지고 해어져서 장차 개조해야 할 형세이기 때문에, 호조가 관서關西의 금단錦緞 25필을 가져왔습니다…"

- 『승정원일기』 영조 10년(1734) 2월 5일

금군 별장 및 7번장의 금단갑의錦緞甲衣 8부, 가후 금군의 금단갑의 50부 등을 새로 만들었고…

- 『승정원일기』 영조 10년 갑인(1734) 6월 18일

대단갑주大緞甲胄 153부 [50부는 가후군駕後軍에게 나누어 주며, 84부는 7번 정령正領에게 나누어 준다.]

- 『만기요람』 군정편 2 / 용호영(금군) 군기

18~19세기 금군 7번의 하급장교인 정령과 어가 뒤에서 국왕을 시위하였던 가후금군은 대단大緞(중국에서 수입한 비단)이나 금단錦緞(직금단)으로 된 금단, 대단갑주를 사용했습니다.

직금단으로 만든 갑주가 라이프치히그라시민속박물관에 한 점 남아있는데, 금동두정을 박아 가죽제 갑찰을 고정하였고 어깨에도 금동 견철이 달렸습니다.

투구의 경우 갑옷과 문양이 약간 다른 직금단으로 된 드림을 달아주었으며 본체는 은상감으로 화려하게 장식되었습니다.

라이프치히그라시민속박물관 소장 금단갑주

영조정순왕후가례도감의궤(1759)
금군

동가반차도(19세기 말)
금군

17~18세기 마병의 철갑주

이덕수가 군기시 별조청軍器寺別造廳의 말로 아뢰기를,
"철갑鐵甲 수백 부部에 들어가는 철엽鐵葉을 두드려서 만들었는데 얻기 어려운 것
은 겉에 쓰는 청포靑布입니다…"
- 『승정원일기』 인조 14년(1636) 7월 17일

"…마병馬兵이 착용하는 철갑鐵甲 600부部는 햇수가 오래되어 부서졌을 뿐만 아니
라 다시 보수해야 합니다…(중략)…이번에 새로 만드는 49부는 피갑으로 만들어
주는 것이 편리하고 마땅할 듯합니다. 병기가 중요한 일이라 아래에서 감히 마음
대로 할 수 없어 우러러 여쭙니다."하니, 상이 이르기를,
"아뢴 대로 하라. 가죽이 비록 견고하지만 철鐵에 비할 수 있겠는가. 보군에게 피갑
이 있는 것은 부득이하기 때문이다. 마병은 이전대로 철갑鐵甲을 만들어 주라."
- 『승정원일기』 효종 4년(1653) 8월 4일

17세기 초 이미 훈련도감 마병의 철갑주는 청포를 사용하는 두정갑으로 갑상을
갖춘 상하분리형 갑옷이었을 것으로 보입니다.
『훈련도감별무기초군대습도(1710)』에서는 청색-흑색계열의 상하분리형 갑주를
갖춘 훈련도감의 별무사와 마병을 볼 수 있으며, 『무예도보통지(1790)』에서도
엄심과 호액을 갖춘 상하분리형 갑옷이 마예관복으로써 소개되어 있습니다.
상하분리형 철갑의 실물 유물은 없으나 무예도보통지의 갑의, 호액, 엄심, 갑상
삽화와 다른 유물을 참작하여 추정해 그렸습니다.

철갑옷(추정)

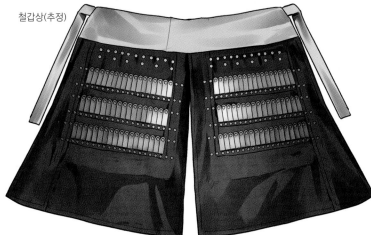

철갑상(추정)

고려대학교 소장 호액

18~19세기 마병의 철갑주

"갑주 3,830벌 철갑이 839벌인데 그 가운데서 744벌은 별무사, 마병에게 나누어
주며, 피갑이 2,892벌인데 보군에게 나누어 준다. 각색 비단 갑주는 99벌이다."
- 『만기요람(1808)』군정편 2 / 훈련도감 군기

18세기 말~19세기경 상하분리형 철갑주의 제도가 간소화되며 포형의 철갑주가
마병에 의해서도 사용됩니다. 이러한 철갑주는 앞길이 뒷길보다 긴 전장후단형으
로 승마시의 편의를 도모하였습니다.

『무예도보통지(1790)』의 마예관복도설은 상하분리형의 갑옷을 소개하고 있으나
마상쌍검 등의 마상무예를 다룬 삽화에서는 전장후단형의 포형 갑옷을 입고 있는
것이 확인됩니다. 이러한 점을 비추어 보면 18세기 후반 마병에게 이미 포형 갑옷
이 받아들여지지 않았나 싶습니다.

이러한 포형 갑옷으로 라이프치히그라시 민속박물관 소장 철갑옷이 전하는데,
11~12새 정도의 좋은 무명이 사용되었으며, 엄심과 호액과 같은 부속이 달렸던 흔
적이 있습니다. 승마 시의 편의를 고려한 전장후단형으로, 훈련도감의 별무사나
마병에게 주어진 철갑주로 보입니다.

투구의 경우 은상감 장식이 들어간 가죽 투구가 같이 전합니다. 유사한 은상감 투
구 유물도 육군박물관 등 여러 곳에서 소장하고 있습니다.

라이프치히그라시박물관 소장 투구

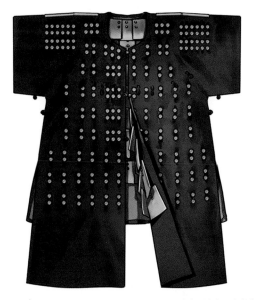

라이프치히그라시박물관 소장 철갑주

17~18세기 보군의 피갑주

훈련도감이 아뢰기를,
"군병들이 입을 피갑주 5,000부를 만들어야 하는데, 들어가는 물력物力을 짐작하기 어려워 견양갑주 각 1부를 먼저 만들었더니, 생우피 2령과 겉과 속에 들어가는 3겹의 정무명正木綿이 38척이고 전칠全漆이 3합, 어교魚膠 10냥입니다…"
　　　　　　　　　　　　　　　　　　　- 『승정원일기』 효종 3년(1652) 10월 18일

훈련도감이 아뢰기를,
"보군步軍이 착용하는 피갑주 500부를 이미 만들었으니, 육사六司의 기총 旗摠과 대총隊摠, 선방포수善放砲手 등을 뽑아 나누어 주고, 거둥 때와 조련 때에 갑옷을 입혀 편리하게 하도록 하겠습니다…"
　　　　　　　　　　　　　　　　　　　- 『승정원일기』 효종 4년(1653) 8월 4일

17세기 중반부터 엄심갑을 대신해 훈련도감 보군에게 보급된 피갑은 무명으로 된 포형의 두정갑이었습니다. 국내외 박물관에 소장된 대부분의 목면피갑은 연꽃무늬나 만卍자 무늬의 문양이 흑색 혹은 적색으로 인쇄되어 있습니다.

어느 시점에 어떤 무늬가 사용되었는지는 알기 어려우나, 조선시대 서책 표지에 사용되었던 능화판의 경우 17~18세기 덩굴무늬 등 다양한 소재가 사용되다 18세기 후반에 만자문양이 사용되기 시작합니다.*

능화판의 경우를 참작하여 보면 연화문이 초기의 양식, 만자문양의 목면 피갑이 18세기 후반~19세기의 양식으로 추정할 수 있을 것으로 보입니다.

경운박물관 소장 피갑

*한국민족문화대백과사전 "능화판(菱花板)" 2023년 5월 10일 검색

19세기 보군의 피갑주

무기를 다루는 자는 제작하는 처음에 그 은미함을 삼가 지금 갖춘 바의 갑주는 각각 방위색으로서 제조법을 개혁하였고 칠하는 제도는 견고함을 얻었으며 가볍게 사용하는 것은 편리함을 얻었으니 어찌 구태여 쇠 미늘, 비단 장식으로 한갓 사치하고 아름답게 꾸밀 뿐이겠는가?

— 『융원필비(1813)』 / 갑주

방색보군피갑의方色步軍皮甲衣 794건 [모두 완전함(并完)]
— 『무위영각색군기완파구별성책(1882)』 / 관마소 갑주질

갑의문판甲衣紋板 4좌 [모두 완전함(并完)]
— 『무위영각색군기완파구별성책』 / 임신(1872) 별비질

19세기에도 목면피갑은 계속 만들어졌습니다. 19세기 말엽의 피갑은 조금 다른점이 있는데, 비슷한 시기 면제갑주에서 볼 수 있는 도장으로 찍은 부적문양과, 무가 없이 겨드랑이에서 직선으로 내려오는 T자형의 형태입니다.

『융원필비』는 갑주의 색에 대해서 소속부대의 방위색을 따른다고 하였으나, 많은 숫자의 유물이 빛바랜 황색 계통의 소색입니다. 그에 대해선 국립중앙박물관 소장 면갑 유물이 본래 붉은색이었다는 점을 밝힌 연구*가 있기에, 시간이 지나며 탈색된 것으로 이해할 수 있습니다.

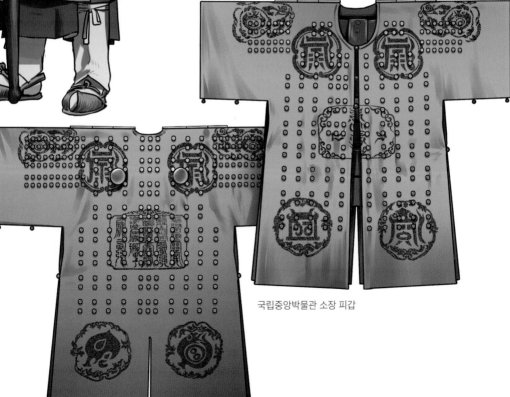

국립중앙박물관 소장 피갑

*박가영, 송미경(2013), 조선 후기 면갑(綿甲) 유물 분석
-국립중앙박물관 소장 유물을 중심으로-, 복식(服飾, JKSC) Vol.63, No.4, 158~167

18세기 후반~19세기 무관의 전갑주

이 시기에도 여전히 홍색 전으로 된 포형의 두정갑주가 무관의 갑옷으로 사용됩니다.

라이프치히그라시박물관에는 "훈좌별"이라 적힌 갑주함이 소장되어 있는데, 청색 선을 두른 갑옷과 초록 어피로 된 투구가 같이 보관되어 있습니다. "훈좌별"은 훈련도감 소속 정3품 직인 좌별장으로 보이는데, 좌측의 방위색인 청색 선을 둘러 소속을 표시한 것일 수 있습니다. 국립고궁박물관과 브루클린박물관에도 유사한 양식에 짙은 남색의 선을 두른 갑옷이 있어 비교할 만합니다.

초관 등 하급 지휘관의 경우는 『정주성공위도(1811)』에서는 소속 부대의 방위색에 따른 갑주를 입는 것으로 묘사되지만, 19세기 말의 『대한제국동가도』에서는 홍색의 갑주를 입는 것으로 그려집니다.

이때의 갑옷에는 청색 단으로 된 포백대가 부속되거나 앞길 좌우에 달려 나오는 경우가 있는데, 뒤로 묶어 갑주를 단단히 착용하여 무게를 분산하기 위한 띠로 보입니다. 갑옷 전면이나 후면에 금동 고리가 달리기도 합니다.

라이프치히그라시박물관 소장 두정갑

민속박물관 소장 두정갑

18세기 후반~19세기 장관의 두석린갑

장용영에서 새로 갖춘 군기와 감관監官과 공장工匠을 별단別單하여 아뢰다…(중략)…두석갑주豆錫甲胄 104부, 주모자胄帽子 104립…

- 『장용영고사』 정조 12년(1788) 3월 28일

장용영해우 기계 군물 구처별단壯勇營廨宇器械軍物區處別單…(중략)…두석갑주 2건…(중략)…동갑정銅甲釘 1,000개, 두석갑정豆錫甲釘 1,660개, 동갑엽銅甲葉 335편…

- 『훈국등록』 순조 2년(1802) 9월

다홍색 대단大緞 도금 동엽갑주 1부丶두석린갑주豆錫鱗甲胄 1부丶다홍색 성성전猩猩氈으로 만든 도금 동엽갑주塗金銅葉甲胄 1부…

- 『만기요람(1808)』 군정편 3 / 어영청 군기

두석린갑豆錫鱗甲은 미늘이 물고기 비늘처럼 겹쳐져 있는 갑옷으로, 어린갑魚鱗甲이라고도 부릅니다. 어느 시기부터 사용되었는지 여부는 불명확하나, 기록상으로는 18세기 말엽 장용영에서 만든 것이 처음으로 등장하여 소수 사용됩니다.
남아있는 유물들은 장관급의 두정갑에 비해서 더 화려한 장식을 갖춘 것만이 남아있어, 보다 높은 지휘관에 의해 사용되었을 것으로 보입니다.

두석린갑의 제작

두석린갑 유물 다수는 미늘을 두정갑과 유사하게 상단에 1~2개의 두정을 박아 고정합니다. 다만 미늘이 외부로 오게 고정하기에 미늘이 겹쳐져 두정이 잘 보이지 않습니다.
미늘은 동제 미늘에 도금이나 적색이나 흑색 등으로 칠을 하여 만들며, 갑옷마다 특수한 미늘도 많이 달아 화려한 모양새를 하고 있습니다.

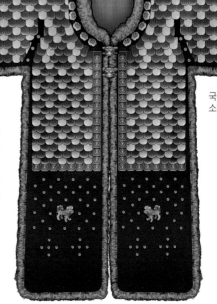

국립경주박물관
소장 두석린갑

19세기 후반의 철엄심갑

국립중앙박물관과 고려대학교박물관에는 흉갑, 철엄심갑 등으로 명명된 갑옷이 소장되어 있습니다. 문헌상에 딱히 이 갑옷을 지칭한 내용을 찾기 힘들어 일반적으로 사용된 갑옷은 아닌 것으로 보입니다. 후술할 총기에 대한 방어를 고려한 구조 등을 참작하면 19세기 후반 시험적으로 제작해 보았던 갑옷 중 하나가 아닐까 싶습니다.

이 철엄심갑은 앞판에는 1cm 내외의 두꺼운 철판을 사용하였으며, 이외 부분은 얇은 철판을 넣어 누볐고 두꺼운 면과 종이 심지를 사용하였습니다. 전면 중앙에는 날름쇠를 이용한 버튼식 개폐 장치를 달아 이탈을 방지하였습니다.

19세기 목면피갑의 무게는 약 10kg인데, 철엄심갑은 전면에 두꺼운 철판을 사용하여 방호부위가 더 좁은데도 무게는 12kg으로 더 무겁습니다.*

앞부분에만 두꺼운 철판을 사용한 것은 총기에 대한 방어를 고려한 것으로 보이는데, 오늘날의 방탄복이 연상되는 부분도 있어 흥미롭습니다.

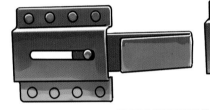

잠금장치 결합방식(추정)

국립중앙박물관 소장
철엄심갑

*박진호, 박지혜, 황진영(2021), 국립중앙박물관 소장 갑주(甲冑)의 보존처리와 구조적 특징
-조선시대 중·후기 갑주를 중심으로-, 박물관 보존과학 제26집

19세기 후반의 면제갑주

면포가 총알을 막을 수 있다는 말이 있어 흥선대원군이 이를 시험해 보았다. 면포 몇 겹에 솜을 둔 후 화살을 쏘아보니 모두 꿰뚫어버렸고, 12겹을 겹쳤을 때에야 꿰뚫지 못했다. 마침내 포군으로 하여금 면포 13겹에 솜을 두어 만든 배갑背甲과 등나무로 만든 투구藤兜를 착용하고 훈련하도록 하니, 한여름에는 군사들이 더위를 견디지 못하여 모두 코피를 쏟았다…

— 『근세조선정감 (1886)』

면제갑주는 30겹의 무명을 겹쳐 만든 갑주입니다. 대원군 집권 때 만든 것으로 전하며, 신미양요 때 촬영된 사진과 여러 유물이 남아 있습니다.

갑옷과 투구, 요대와 엄심 등의 부속이 남아 있는데, 갑옷은 무명을 겹쳐 두껍게 만들었으며 어깨에 있는 단추와 옆구리의 끈으로 입고 벗었습니다. 투구도 면포를 겹쳐 만들되 형태를 잡아주는 철 테를 두었습니다. 엄심은 가슴 부분에 단추로 달도록 하였으며 위에 요대를 찼던 것으로 보입니다.

국립중앙박물관 소장 면제갑옷은 안쪽에 철이 녹슨 흔적이 있는데, 두정갑의 배열과 흡사해 당시 피갑 혹은 철갑 위에 면제갑옷을 겹쳐입기도 하였음을 알 수 있습니다.*

갑옷에 인쇄된 문양은 불교, 도교적 상징물이 많이 사용되었는데, 투구감투에는 '옴마니반메훔唵麽抳鉢銘吽' 문양, 드림에는 석류 문양과 북악어부北嶽御符를 인쇄하였고, 갑옷에는 오악진형도, 복숭아 문양을 인쇄하였습니다. 요대와 엄심에는 전면에 '옴마니반메훔' 문양, 후면에는 '만사대길소원성취萬事大吉所願成就' 문양이 인쇄되었습니다.**, ***

면제투구

엄심

육군박물관 소장 등투구

면제갑옷

등투구

『근세조선정감』에서는 면갑과 등투구를 함께 사용하였다 전합니다. 육군박물관에는 태극문양이 그려진 등투구 2점이 소장되어 있는데, 면갑과 함께 착용되었을 가능성이 있습니다. 그러나 많은 수의 면갑이 면제투구를 함께 갖추었고, 신미양요 당시의 사진자료 등에서도 면제투구가 함께 착용된 경우만이 확인되기에 실제 사용되었는지 의문이 없지 않습니다.

요대

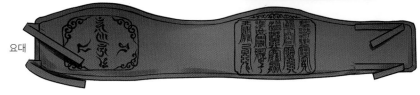

---

*박가영(2019), 해외박물관 소장 조선 후기 면갑(綿甲) 유물 분석 -메트로폴리탄박물관 소장 유물을 중심으로-, 복식(服飾, JKSC) Vol.69, No.4
**이민정, 박경자, 안인실(2019), 조선 후기 면제갑주(綿製甲冑) 문양에 대한 연구 I, 복식(服飾, JKSC) Vol.69, No.6
***이민정, 박경자, 안인실(2019), 조선 후기 면제갑주(綿製甲冑) 문양에 대한 연구 II, 복식(服飾, JKSC) Vol.69, No.7

세종실록 오례의 경번갑

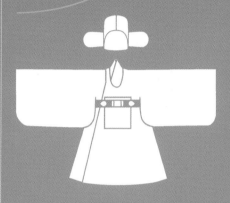

05

관복의
변천

武備

관복의 구성

관복은 조복, 제복, 공복, 상복, 시복, 융복, 군복 등 국가에서 정한 복장의
통칭이지만, 좁은 의미로는 사모, 단령 차림의 상복과 시복만을 칭합니다.
관복은 고려 말 1387년 시작되어 20세기까지도 사용된 문무 관료의 정복
으로써 일상 집무부터 국왕을 시위할 때, 연회할 때, 칙서를 받을 때 등 다
양한 상황에서 입었던 옷입니다.

사모

사모絲帽는 복두에서 유래한 관모로, 명나라 홍무제 때 만들어졌으며
고려에서는 1387년부터 관료의 집무복으로 사용하기 시작하였습니다.

사모

단령

흉배

단령

단령團領은 넓게는 둥그런 깃을 의미하는데, 좁게는 상복과 시복의 겉옷을
의미합니다. 조선 초기까지 서민들도 사용하였으나, 1446년 복색상정조
건을 정한 이후는 관리와 관청 하례의 옷이 됩니다. 단령에는 단령과 유사
하게 만든 답호나 직령을 받쳐 입었는데, 그러한 받침옷을 더그레(가문라
加文剌)라 불렀습니다.

흉배

흉배胸背는 단령의 가슴과 등에 덧붙이던 사각형의 장식품으로, 조선에서
는 1454년부터 사용되기 시작하였습니다. 문관과 무관, 품계에 따라 흉배
의 모양을 달리하였으며, 시대에 따라 다양한 도안이 사용되었습니다.

품대

품대

호패

주머니

품대品帶는 관복의 띠로, 품계에 따라 다양한 소재로 만들었습니다. 품대
에는 호패, 명소, 병부 등의 패나 향낭을 차기도 하였으나, 주머니나 장도
는 단령 안쪽에 차는 것이 일반적이었습니다.

품대 전면
삼태
남두육성
좌보

품대 후면
북두칠성
우필
타미

관복의 품대

품대는 조복, 제복, 공복, 상복, 시복에 사용하던 띠로, 품계에 따라 다른 재질의 띠돈을 사용하여 품계를 구별 하는 표식으로 사용하기도 하고, 호패를 패용하는 데 사 용하기도 하였습니다.

품대는 크게 앞띠와 속띠, 뒤띠로 구분되는데, 앞띠 중앙에는 삼태가 있어 띠를 잠그고 열 수 있게 하였고, 안쪽에 속띠가 달렸는데, 속띠 에 구멍을 내 뒤띠의 띠고리와 연결하며 둘레를 조절할 수 있도록 하였습니다. 앞띠에는 삼태 좌우에 잎사귀 모양의 띠돈을 다는데, 이것을 남두육성南斗六星이 라고 하며, 남두육성 뒤에는 뒤띠를 고정하는 묶음쇠가 달린 띠돈이 있는데, 이것 은 좌보左輔와 우필右弼이라고 하였습니다. 띠 끝에는 장식판이 달리는데 이것을 타미撻尾라고 합니다.

뒤띠에는 직사각형 모양의 띠돈이 달리는데, 이것을 북두칠성北斗七星이라고 하 였습니다.*

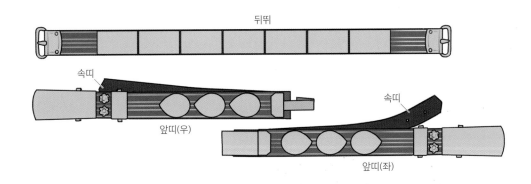

뒤띠
속띠
앞띠(우)
속띠
앞띠(좌)

일체형 품대

일체형 품대

일체형 품대는 19세기 중후반에 사용된 품대로 앞띠, 속띠, 뒤띠가 없이 하나로 합친 것입니다. 제작이 간편하나 길이 조절을 할 수 없어 단령의 띠고리에 걸어 사용하였습니다.*

---

*이은주(2011), 조선시대 품대의 구조와 세부 명칭에 관한 연구, 복식(服飾, JKSC) Vol.61, No.10

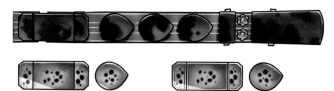

1품 서대

서대는 서각으로 장식한 품대로, 주황색, 검은색 문양의 서각이 특징입니다. 서대 중에서도 점박이 문양을 가진 서각을 사용한 것은 포도문 서대라 불렸고, 일부 서대는 삼태와 보, 타미에 보강용으로 금테를 두른 것이 있습니다.

포도문 서대　　　　금테로 보강

정2품 삽금대

삽금대는 조각한 금으로 장식한 품대입니다. 본래는 금으로 조각을 한 형태였지만, 침향나무를 조각한 것에 금테를 둘러 만든 침향금대도 사용되었습니다.

침향금대

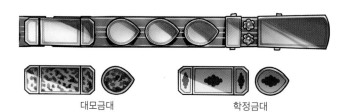

종2품 소금대

소금대는 조각하지 않은 금으로 장식한 품대입니다. 본래는 단순하게 평평한 금 장식이 달린 형태였지만, 대모나 학정과 같은 재료를 붙여 만든 대모금대, 학정금대도 사용되었습니다.

대모금대　　　　학정금대

정3품 삽은대

삽은대는 조각한 은으로 장식한 품대입니다. 본래는 은으로 조각을 한 형태였지만, 침향나무를 조각한 것에 은테를 둘러 만든 침향은대도 사용되었습니다.

침향은대

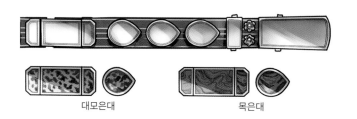

종3품~종4품 소은대

소은대는 조각하지 않은 은으로 장식한 품대입니다. 본래는 단순하게 평평한 은 장식이 달린 형태였지만, 대모나 나무를 붙여 만든 대모은대, 목은대도 사용되었습니다.

대모은대　　　　목은대

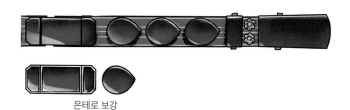

5품 이하 흑각대

흑각대는 흑각으로 장식한 품대로, 검은색 뿔로 만든 흑각이 특징입니다. 일부 서대는 삼태와 보, 타미에 보강용으로 은테를 두른 것이 있는데, 은테를 두르더라도 서각대 처럼 남두육성과 북두칠성에는 두르지 않습니다.

은테로 보강

사모

사모紗帽는 관복 차림에 쓰는 관모로, 뒤가 높고 앞이 낮은
2단의 모정과, 뒤통수에서 좌우로 튀어나오는 뿔로 이루어
져 있습니다. 이 모정과 뿔의 형태는 시대에 따라서 변천을
거듭하였습니다.

뿔에는 문사각紋紗角과 단사각單紗角이 있는데, 단사
각은 무늬가 없는 뿔로 당하관이 쓰고, 문사각은 무
늬가 있는 뿔로 당상관이 사용합니다.

16~17세기에는 문사각에 다양한 연화문이
나 운문 등 무늬가 있었지만, 18세기부
터는 2개의 천을 겹쳤을 때 나타나는
모아레 문양의 문사각이 사용됩니다.

사모 뿔

잠화꽂이

사모의 변천

정몽주 초상(1390) 사모

14~15세기 초반의 사모

고려 말 1387년부터 명나라의 사모 제도를 도입하여 사용하기 시작하였는데, 이
때의 사모는 높이가 낮으며 뿔은 아래로 처져 있는 모양입니다.

15세기 중반의 사모

15세기 중반에는 사모의 제도가 보다 크게 변하
는데, 사모의 높이가 높아지며 뿔은 약간 처져있
되 길이가 크게 길어집니다.

신숙주 초상(1455) 사모

이숭원 초상(1471) 사모

오자치 초상(1476) 사모

15세기 후반의 사모

1476년 공신도상에는 이전과 다른 사모가 등장하는데, 사모
의 높이가 낮아지고 사모뿔이 두꺼워져 물방울 모양이 됩니다.
1493년에는 중국의 제도를 따른 사모를 내려 주어 사모의 형태
를 교정하는데, 1505년 중종반정의 공신도상들에서 볼 수 있습
니다. 이때 사모는 윗단이 앞으로 튀어나왔으며 뿔이
두꺼워졌습니다.

유순정 초상(1505) 사모

16세기의 사모

16세기 초반에는 뿔의 길이가 길어지며, 16세기 후반에는 사모의 높이가 높아지고 뿔은 조정됩니다.

박상 초상(16세기 초) 사모

박순 초상(16세기 말) 사모

17세기 초반의 사모

임진왜란을 겪은 후 1600년대에는 사모의 높이가 높고 각진 모양의 사모와 사모뿔이 사용되었습니다. 1620년대에는 높이가 낮은 사모가 사용되었습니다.

홍진 초상(1604) 사모

임우 초상(17세기 초) 사모

조말생 초상(1623) 사모

17세기 중반~19세기 초반의 사모

17세기 중반에는 사모의 높이가 높아지며 사모 정상과 뿔이 각진 모양새를 하고 있습니다. 18세기 중반에는 제도가 약간 변하여 크기는 그대로이되 사모 정상과 뿔이 약간 둥글어집니다.

효종어제희우시회도(1652) 사모

김중만 초상(18세기 초) 사모

심환지 초상(1800) 사모

이하응 초상(1869) 사모

19세기 중후반의 사모

19세기 중반에는 사모의 높이가 낮아지며 뿔이 휘어 앞으로 약간 나옵니다. 19세기 후반에는 사모의 높이가 더 낮아지며 사모의 뿔은 앞으로 크게 말려있는 형상으로 변합니다.

민속박물관 소장 사모

조선 초기

융복 · 답호 착용 · 단령 착용 · 사모, 품대 착용

조선 후기

창의 · 융복 · 군복

관복의 착용 순서

조선 초기에는 철릭 위에 더그레로 답호를 입고 단령을 입은 후 품대를 차고 사모를 썼습니다.

조선 후기에는 융복, 군복, 창의 등 받침옷이 다양하였는데, 그 위에 더그레로 직령을 입고 단령을 입었습니다.

더그레로 쓰이는 직령은 단령에 끼워넣은 상태로 만들어 다만 깃만 다르게 하였습니다. 설명에서는 직령을 입고 단령을 입는 순으로 설명하였지만, 일반적으로는 한번에 입었을 것입니다.

직령 착용 · 단령 착용 · 사모, 품대 착용

조선 초기의 단령

임금이 말하였다.
"전조前朝 때에 회색灰色을 금하는 영이 있었으니 대개 동방東方은 목덕木德이기 때문이다. 나도 또한 나라를 잃어버리는 것 같은 짓을 미워하기 때문에 금지하는 것이다."

- 『태종실록』 태종 11년(1411) 12월 15일

개국한 이래로 문무 조관이 모두 회색灰色 단령團領을 입었는데, 뒤에 동방東方은 목木에 속하니 회색灰色은 상서롭지 못하다 하여 금하였다…

- 『세종실록』 세종 27년(1445) 8월 6일

6대언代言에게 백저포白苧布 각각 2필을 하사하였으니, 여름철에 입는 것은 오로지 마포麻布를 쓰고 다른 색이 없기 때문에 이러한 하사가 있었다. 염색染色을 하여서 입게 하고 이어서 명하여 여러 신하의 옷을 혹은 짙은 남색, 혹은 홍, 흑색을 쓰고, 저마교직苧麻交織과 마포는 각각 자원自願에 따르되, 모름지기 내월 초1일이 되어 입도록 하게 하였다.

- 『태종실록』 태종 16년(1416) 7월 17일

예조에서 계하기를,
"조관은 평상시의 조회에는 흑마포 및 저포로써 남색, 홍색, 흑색으로 된 옷을 입게 하소서."

- 『세종실록』 세종 1년(1419) 7월 17일

고려 말 1387년 명나라 제도에 따라서 1품에서 9품까지의 관료에게 사모와 단령을 착용하게 하면서 500년이 넘게 이어질 사모단령의 제도가 시작됩니다.
고려 말부터 조선 초까지는 회색 단령을 사용하였는데, 1411년 회색을 금하고 다른 색을 사용하게 하다가 1416년, 1419년에 반복하여 삼베나 모시로 된 남색, 홍색, 흑색의 단령을 사용하게 합니다.
회색 단령의 경우 고려 말 「정몽주 초상」이 남아 있어 당대의 단령제도를 알 수 있습니다.

안주름형 무(14~15세기 중반)

안주름형 무는 주름을 여러 개 잡은 후 윗부분을 겹쳐 일직선으로 박음질하여 길 안쪽으로 넣은 형태의 무입니다.*
문수사 아미타불복장 답호 유물(1346)과 「태조어진(14세기 말)」, 「신숙주 초상(1455)」에서 확인됩니다.

안주름형 무

---

*무에 관한 분류는 '김신애, 장민정(2015), 조선시대 남자 포에 나타난 무의 형태 변화에 관한 연구, 패션과 니트 제13권 제2호, 10~21'을 따름.

1446년 이후의 예복 흑단령

예조에서 아뢰기를,
"옛날의 사대부들이 임금에게 조회할 때는 반드시 조의를 입었는데…(중략)…이제부터는 당상관 이상의 관원에게는 단자段子와 사라紗羅를 사용하도록 허가하여, 중조中朝의 제도에 따라 조의 1건을 만들게 하고, 그 혹시 준비하기가 어려운 사람은 본국本國의 포물布物을 겹게 염색하되, 아름답고 깨끗하게 하도록 할 것이며, 3품 이하의 관원에게는 모두 본국의 포물을 사용하여 상항에 의거해서 제조하게 하고, 평상시에는 간수하여 두었다가 조회 때에만 입도록 하고, 여름철의 의복은 높고 낮은 사람이 저포苧布와 마포麻布를 통용하게 하고, 관대도 또한 더럽고 파손된 물건은 사용하지 못하도록 하여, 조정의 의식을 존중하게 하소서."하였다. 정부에 내려 이를 의논하게 하니, 우의정 하연·우참찬 정인지 등은 의논하기를,
"평상시 의복은 화려한 것이 필요하지 않으며, 조정의 관복은 등차等差를 분명하게 하고 존비尊卑를 분별하는 것이니…(중략)…각품의 흉배도 또한 시왕時王의 제도에 의거하여 만들 것입니다."하고, 영의정 황희는 의논하기를,
"검소를 숭상하고 사치를 억제하는 일은 정치하는 데 먼저 할 일입니다. 신이 항상 염려하기를, 국가에서 문文이 지나치는 폐단이 있는 듯한데, 단자와 사라는 우리 땅에서 생산되는 것이 아니며, 흉배는 더욱 준비하기가 어려운 것입니다. 또 존비의 등차는 이미 금대金帶·은대銀帶·각대角帶로써 제도가 정해졌는데 하필 흉배가 있어야 구별되겠습니까. 말하는 사람은, 야인들도 또한 흉배를 착용하는데 우리나라에서 도리어 따라가지 못한다고 핑계해 말하고 있지마는, 그러나 우리나라는 본디부터 예의의 나라로 일컬어 왔으니, 어찌 야인들과 더불어 화려함을 다투고 부귀함을 자랑하겠습니까. 다만 조복만은 마땅히 정결해야 될 것입니다."하니, 임금이 황희의 의논에 따랐다.

- 『세종실록』 세종 28년(1446) 1월 23일

1446년 조참이나 상참 등 평상시 알현할 때 입을 조의朝衣를 처음으로 정하였는데, 당상관은 비단, 사, 라로 만들며 당하관은 조선산 포물을 입게 하였습니다.
1446년 이미 흉배에 대한 논의가 있었지만, 영의정 황희의 반대로 무산됩니다. 흉배는 1454년 당상관에 한하여 도입되나 비용 상의 문제로 정착되는 데까지 오랜 시간이 걸렸습니다.*
유물로는 변수(1447~1524) 묘 출토 단령이 있는데, 운문사로 만든 예복 단령이며 흉배가 남아있지 않습니다.

변수(1447~1524) 묘
출토 단령

안팎주름사선형 무

안팎주름사선형 무(15말~16세기 초)

안팎주름사선형 무는 옆선 안으로 주름을 접어 넣고 밖으로 주름을 만든 후, 무 윗부분을 삼각형 모양으로 접은 형태로 꿰맨 것입니다.
악학궤범 흑단령(1493), 변수 묘 출토 단령이 이런 형식입니다.

*관복의 변화는 '이은주(2005),
조선시대 백관의 時服과 常服 제도 변천,
복식(服飾, JKSC) Vol.55, No.6, 38~50'을 바탕으로 서술하였음.

15세기 후반~16세기의 시복

의정부에서 예조禮曹의 정문呈文에 의거하여 아뢰기를,
"문·무관文武官의 상복常服에 문장文章이 없을 수 없습니다. 삼가 명나라
의 예제禮制를 상고하건대, 문무 관원의 상복常服의 흉배胸背에 꽃무늬를
놓도록 이미 정식定式이 되어 있어서, 잡색 저사雜色紵絲와 능라사綾羅紗로
수를 놓거나 혹은 직금織金을 사용하여 각기 품급品級에 따라 꿰매어 붙였
으니, 청컨대 이제부터 문무 당상관文武堂上官은 모두 흉배를 붙이게 하고…
(중략)…무관 1, 2품은 호표虎豹, 3품은 웅표熊豹, 대사헌大司憲은 해치獬
豸로 하고, 또 모든 대소인大小人은 백립을 쓰고 궐문闕門 안에 들어오지
못하게 하소서."하니, 그대로 따랐다.
- 『세조실록』 세조 2년(1456) 2월 6일

16세기 조참, 상참 등에 입는 의례용 단령의 이름이 때에 따라
입는다는 뜻인 '시복'으로 정착되고, 그 외 집무 시 입는 단령은
'상복'이라고 칭하는 것이 정착됩니다.
당상관의 시복은 사와 단 등의 고급 소재에 흉배를 단 단령이며, 당하관은
명주나 무명, 모시 등의 소재에 흉배가 없는 단령을 사용하였습니다.
16세기 초반까지 시복의 형태는 소매는 좁고 앞뒷길이 같아 15세기와 유
사하였으나, 16세기 중후반 앞길이 뒷길보다 조금 짧은 전단후장형의 형
태에, 소매는 넓어져 소매 아래가 완만한 곡선을 가지며 소매가 좁아지는
곡배래가 사용되었습니다.

호표흉배

웅비흉배

정응두(1508~1572)
묘 출토 단령

조선 초기의 흉배

1454년 제정된 흉배 제도는 무관 1, 2품은 호표
흉배, 3품은 웅비흉배를 달도록 하였습니다.
호표흉배는 「오자치 초상(1476)」과 의인 박씨
(16세기 말) 묘 출토 흉배가 있으나 웅비흉배는
유물이 남아있지 않아 『대명회전』의 웅비 삽화
를 참고하여 추정하였습니다. 초기에는 단령에
바로 수를 놓았으나 16세기에는 흉배를 따로 만
들어 달았습니다.

15세기 후반~16세기의 상복

"적삼 깃을 밖으로 접은 것杉領外褶은 옛적에는 이러한 풍습이 없었던 것인데, 세종께서 어느 날 저녁에 바깥으로 접은 것을 여러 신하가 본받고 사방이 따라서 지금까지 폐지되지 않았으니, 임금이 한 번 좋아한 것이 미세한 것이라도 한때에 법이 되며 만세에 본받는 것이 이 같으니, 어찌 삼가지 않아서 되겠습니까…"

– 『연산군일기』 연산군 1년(1495) 5월 28일

16세기 시복이 성립되며 평상시 집무할 때나 사사로운 자리에서 격식을 차릴 때 입는 옷으로 상복이 사용됩니다.

상복의 형태는 시복과 같지만, 색이 토홍색, 분홍색이나 백색이고, 무명, 베와 같은 저렴한 소재를 사용하였습니다.

15세기 중후반부터 저고리의 깃을 답호 밖으로 살짝 빼내어 접어 입는 경우가 늘어나는데, 「오자치 초상(1476)」에서는 목 뒤에 흰 깃이 조금 보이던 것이 「박상 초상(16세기)」에서는 크게 돌출되게 됩니다.

안팎주름형 무(16세기 중후반)

안팎주름형은 안팎주름사선형과 유사하나 무 윗부분을 삼각형 모양으로 접지 않은 모양의 무입니다. 심수륜(1534~1589) 묘 출토 단령이 이런 형식입니다.

밖주름형 무(16세기 중후반)

밖주름형은 안팎주름형에서 옆선의 주름이 펴진 형태입니다. 송희종(16세기 중후반) 묘 출토 단령과 윤선언(1580~1628) 단령 무가 이런 형식입니다.

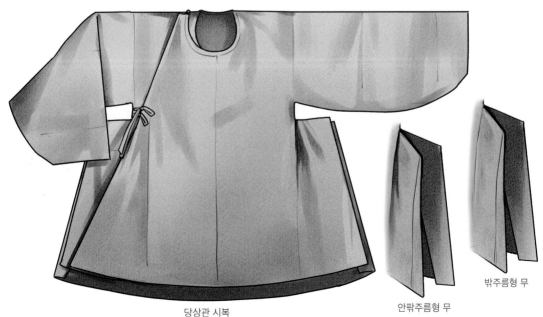

당상관 시복

안팎주름형 무

밖주름형 무

17세기의 상복

예조가 아뢰기를, "조정의 대소 관원이 모두 군복차림으로 7년이란 세월을 보냈습니다. 따라서 상하의 구분이 없고 외관상 볼품이 없기 때문에…(중략)…명년 2월 그믐까지 기한하여 일제히 관디를 갖추게 함으로써 평상시의 규정대로 회복시키고 단령團領은 흑색으로 하도록 하여 차츰 중국 제도를 따르게 하는 것이 사의事宜에 합당할 듯합니다." 하니, 아뢴 대로 하라고 전교하였다.

- 『선조실록』 선조 31년(1598) 12월 19일

임진왜란을 겪은 후 1600년에는 중국 제도를 받아들인 흑단령을 입게 되었습니다. 1601년 홍단령 제도도 복구함에 따라 상복과 시복의 제도가 복구됩니다.
그런데 1610년 예조판서 이정구가 『오례의』를 근거로 흑단령을 상복, 홍단령은 시복으로 규정하면서 시복과 상복의 용어가 뒤바뀌었습니다.*
이때 상복의 형태는 앞길과 뒷길의 길이가 다시 같아졌으며, 소매 넓이는 17세기 초반에는 좁았으나, 17세기 후반에 가면 다시 넓은 소매가 사용됩니다. 색에 있어서는 흑색~아청색 계열의 색이 많이 사용되었습니다. 또 이때 단령의 받침옷으로 답호 대신 직령을 사용하면서 단령 안쪽의 목깃에는 흰 동정만이 보이게 됩니다.

해치흉배
조경(1541~1609)

호흉배
박유명 초상(17세기)

사자흉배
김여온(1596~1665)

조경 묘
출토 단령

김여온 묘
출토 단령

17세기의 흉배

17세기에는 흉배 제도가 문란하여 무관은 해치흉배, 호랑이흉배, 사자흉배를 구분 없이 사용하였으며, 흉배의 사용 범위도 확대되어 1692년에는 6품까지 흉배를 갖추도록 하였습니다.**

---

*이은주(2005), 조선시대 백관의 時服과 常服 제도 변천, 복식(服飾, JKSC) Vol.55, No.6, 38~50
**이은주(2008), 조선시대 무관의 길짐승흉배제도와 실제, 복식(服飾, JKSC) Vol.58, No.5, 102~117

17세기의 시복

계사년(1593) 환도 후에는 중국 장수를 접반接伴하는 사람은 사모紗帽와 품대品帶로 시복時服을 입었고, 묘사제廟社祭의 헌관獻官도 시복을 입고, 집사執事는 모두 철릭을 입었다…(중략)…기해년(1599) 무렵에 조정에서는 모자와 띠의 제도를 복구하여 흑색을 착용할 것을 의논하여 결정하였는데, 이는 중국인들이 아직도 다 가지 않았기 때문에 그들이 착용하는 것을 모방한 것이다. 경자·신축(1600~1601, 선조 32~33) 연간에 다시 담홍색의 복색을 입으니, 이는 우리나라에서 유래된 옛 제도이다. 얼마 못 가서 조복, 제복, 시복은 모두 복구되었으되, 공복만은 복구되지 않았는데, 새로 급제한 사람은 입었다.

－『갑진만록(17세기 초)』

1592년 임진왜란 이후 상복과 시복 입기를 중지하였다가 1601년 상복 홍단령 제도가 복구됩니다. 1610년에는 상복의 명칭이 시복으로 바뀝니다.
시복의 형태 변화도 상복과 동일하였고 다만 흉배가 없고 검소한 소재를 사용했습니다.

뒤젖힘주름형 무(17세기)

뒤젖힘주름형은 밖주름형에서 겨드랑이 아래에 주름을 잡아 무의 윗부분이 뒤로 젖혀진 형태입니다.
16세기 말~17세기 초 박장군 묘 출토 단령은 작은 뒤젖힘주름형 무를 가졌는데, 17세기 초 무의 크기가 커지게 됩니다. 이런 무는 앞길이 뒷길을 가릴 수 있도록 앞길의 무가 더 큽니다.

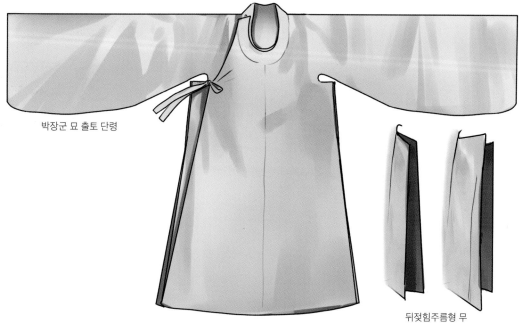

박장군 묘 출토 단령

뒤젖힘주름형 무

18~19세기의 상복

18세기 상복의 형태는 소매가 넓었으며, 목 깃이 아래로 내려와 안쪽 직령의 흰 동정이 더 많이 보이게 됩니다. 또한 겉섶에 안감에 사용되는 천을 이용한 옷고름을 하나 더 달아 고름 안쪽에 안감이 보이게 합니다. 색에 있어서는 현록색이 사용됩니다.

18세기 상복의 모양은 19세기에도 무와 흉배 외에는 큰 변화가 없이 이어져 내려옵니다. 다만 고름은 길고 두꺼워집니다.

해치흉배
김중만 초상(1728)

사자흉배
이창운 초상(1782)

호흉배
이달해 초상(1775)

당상관 상복

18세기의 흉배

18세기에도 무관은 흉배 제도가 문란하여 해치흉배, 호랑이흉배, 사자흉배가 사용되며, 흉배의 착용 범위가 확대되어 『속대전(1746)』에서 9품까지 모두 흉배를 사용하도록 규정됩니다.

18~19세기의 시복

"조신朝臣 중에 당하관堂下官의 시복時服은 홍포紅袍를 착용하지
말고 구제舊制대로 청록색靑綠色을 사용하라고 명하였다…"
－『영조실록』영조 33년(1757) 12월 16일

옛날에는 흑단령黑團領에는 흑화黑靴를 신었다. 시복時服에는 백
화白靴를 신었는데 정묘조正廟朝에서는 흑화를 병용하였으니, 시
복에 흰색으로 받치던 안감을 청색으로 하였기 때문이었다.
－『임하필기』제28권 / 춘명일사, 화자의 변통

18세기의 시복제도는 전과 같았으나 1757년에는 당하관의 시복
색을 청록색으로 정하여 당상과 당하관의 차이를 둡니다. 18세기
말에는 시복의 안감으로 청색이 유행하는데, 이 때문에 흑화를
신기도 하였다고 합니다.

뒷길고정형 무(18~19세기)

뒷길고정형 무는 뒤젖힘주름형 무와 유사하나 무를 뒷길에 고정
하는 단추가 달려 뒤로 무를 정리하는 유형입니다. 의원군義原君
(1661~1722) 단령 무가 이러한 형식입니다.
19세기 초중반에는 단추 대신 바느질로 무를 고정합니다. 홍희준
洪羲俊(1761~1841) 단령 무가 이러한 형식입니다.

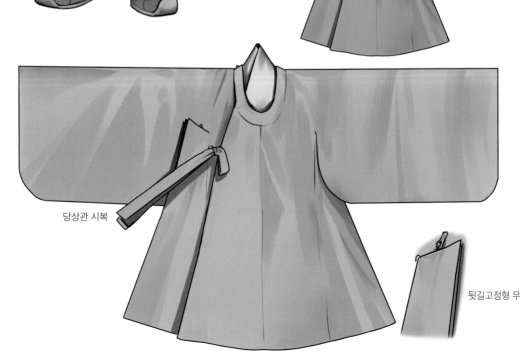

당하관 시복

당상관 시복

뒷길고정형 무

19세기 후반의 흑단령

전교하기를, "지금부터 동가動駕할 때, 시위하는 신하들은 융복戎服과 통개筒箇는 착용하지 말고 흑단령黑團領에 검을 차도록 하며, 병조 판서와 별운검은 군복 차림을 하는 것으로 마련하라."하였다.

- 『승정원일기』 고종 19년(1882) 8월 6일

전교하기를, "경외의 융복을 오늘부터 모두 다 군복으로 대용하라. 군무軍務 외에는 흑단령으로 하라."하였다.

- 『승정원일기』 고종 20년(1883) 1월 28일

이만교에게 전교하기를, "관복으로 오직 흑단령만을 착용하는 것은 옛날의 제도로서, 일이 매우 간편한데, 당상관이 때때로 홍단령紅團領을 입는 문제에 대해서는 『대전통편』 원전의 예에 따라 착용하지 못하게 하라…"

- 『승정원일기』 고종 21년(1884) 윤5월 24일

19세기 후반은 흑단령의 쓰임이 변화하는 시기입니다. 1883년에는 융복을 폐지하고 군복이나 흑단령으로 대신하게 하고, 1884년에는 시복 홍단령을 폐지하고 흉배가 없는 흑단령으로 대신하게 하기도 합니다. 이후 1894년 갑오의제개혁에서는 흑단령이 대례복으로 규정되며 대한제국 시기까지 사용됩니다.

이때의 흑단령은 소매 넓이가 줄어들고 흉배의 크기도 줄어들며 고름도 중앙에 가까워지며 너비는 넓어집니다.

단호흉배

쌍호흉배

당하관 상복

19세기의 흉배

18세기 후반부터 쌍호흉배가 나타나며, 19세기 초반에는 무관 당상관은 쌍호, 당하관은 단호흉배를 사용하는 제도가 정착됩니다. 이 제도는 대한제국 시기까지 변화 없이 이어져 내려옵니다.

19세기 후반의 소례복

칙령을 내리기를, "조신朝臣의 대례복大禮服은 흑단령黑團領을 착용하고, 대궐에 나올 때의 통상 예복은 검은색의 토산 주포紬布로 만든 주의周衣와 답호搭護 및 사모紗帽와 가죽신을 착용하되, 내년 정조正朝부터 시행하라."하였다.
- 『승정원일기』 고종 31년(1894) 12월 16일

칙령을 내리기를, "짐 조정의 조신 이하의 복장식服章式에 대하여 재가하고 아래와 같이 반포한다. 조복과 제복은 예전대로 하고, 대례복大禮服은 흑단령黑團領, 모화帽靴(사모와 목화), 품대品帶이니 거동할 때와 경절慶節에 문안問安하거나 예접禮接할 때 착용하며, 소례복小禮服은 흑반령 착수포黑盤領窄袖袍(둥근 깃에 소매 좁은 옷), 사모紗帽, 속대束帶, 화자靴子이니 대례복을 입어야 할 때에도 간혹 착용하고 무시로 진현進見할 때에도 착용하며, 통상 입는 복색服色은 편의대로 주의, 답호, 사대로 하되 내관內官과 외관外官이 사진仕進할 때에는 입어도 무방하나 진현할 때는 입지 않으며, 사서인士庶人의 복색은 편의대로 입되…"
- 『승정원일기』 고종 32년(1895) 8월 10일

1884년 시복 홍단령 제도가 폐지되어 흉배가 없는 흑단령으로 대신하게 하는데, 1895년에는 흑반령착수포, 소매 좁은 흑단령이 소례복으로 규정됩니다. 이 소례복의 형태는 대례복으로 사용되는 흑단령에 비하여 소매가 좁으며 위에 속대束帶라는 띠를 차는 것이 특징입니다.

1908년 국민예복의정회에서 건의한 남성의 통상예복으로 고름 대신 단추가 달린 흑단령을 건의했는데, 형태에서는 소례복 단령과 동일합니다. 이는 공식 지정되진 않았으나 마지막 세대의 단령이라 할 수 있겠습니다.

통상복

통상복은 1894년 갑오의제개혁에서 규정된 관복으로 두루마기 위에 답호를 입고 사모를 쓴 차림입니다. 예전의 시복과 같이 평상시 집무를 할 때의 복장입니다. 역시 대한제국 시기까지 사용되었습니다.

통상복

소례복

국민예복 단추

두루마기형 무 (19세기 후반)

19세기 후반에는 아예 뒷길이 없어지고 단순한 삼각형에 트임없이 깔끔하게 막혀있는 두루마기형 무가 등장합니다. 김병기(1818~1875)의 단령이 두루마기형 무입니다. 그러나 흥선대원군(1820~1898)의 단령은 바느질로 무를 고정한 뒷길고정형 무인데, 19세기 후반엔 두 가지 양식이 혼용되었던 것으로 보입니다.

단령에 갓 착용

예조 판서 황희가 아뢰었다.

"영의정 하윤이 일찍이 말하기를, '조정朝廷의 관리는 모두 항상 사모紗帽를 쓴다.' 고 하였는데, 본국으로 말하면 노상路上에선 갓笠을 쓰고, 사모는 공처公處에서 만 쓰니, 매우 불륜不倫합니다. 그리고 또, 두 가지 물건을 아울러 갖추는 것도 어려운 일이니, 조관朝官으로 하여금 항상 사모를 쓰게 함이 옳겠습니다."

임금이 말하였다.

"영의정의 말이 진실로 합당하나, 물론이 그 불편함을 싫어할 것이다…(중략)… 이 같은 작은 일은 아직 예전 제도 그대로 두면 많은 말들이 거의 없어질 것이다." 황희가 재삼 청하였으나 윤허하지 아니하였다.

－『태종실록』 태종 15년(1415) 4월 13일

처음으로 현임관見任官으로 하여금 항상 사모紗帽를 쓰게 하였다. 예조禮曹와 의례 상정소儀禮詳定所에서 의논하였다. "무릇 대소 관리가 조로朝路에서 비와 눈이 오는 날이 아닌데 갓을 쓰는 것이 실로 미편하니, 빌건대, 중국 제도에 의 하여 삼군 갑사三軍甲士를 제외하고, 동서東西 문무文武관리와 전함前銜 관직이 있는 자는 비나 눈이 오는 날이 아니면 항상 사모를 써서 조정朝廷의 위의威儀를 엄숙하게 하고, 어기는 자는 과단 하소서."

임금이 명령하였다.

"오는 무술년 정월 초1일부터 시작하여 행하라."

－『태종실록』 태종 17년(1417) 12월 20일

조선 초기에는 평상시에는 단령에 갓을 쓰며, 출근하여 근무할 때만 사모를 사용하는 풍습이 있었는데, 1417년에 관직자는 항상 사모를 쓰도록 하였습니다.

그럼에도 단령에 갓은 가끔씩 쓰였던 것으로 보이는데, 「이현보 초상(1537)」, 「호조낭관계회도(1550)」에서 상복에 사모와 갓을 혼용한 것을 확인할 수 있습니다. 그러나 「기영회도(1584)」와 같은 경우는 사모만을 착용하여 자리의 엄격한 정도에 따라 차이가 있었던 것으로 보입니다.

조선 후기에도 착용례가 있는데, 「모당 홍이상 평생도」에서 주인공을 수행하는 서리가 단령에 갓을 쓰고 있는 것을 확인할 수 있으며, 개항기 이범진이 소례복 단령에 갓을 착용한 사진이 남아 있습니다.

호조낭관계회도(1550)

이현보 초상(1537)

기영회도(1584)

06

기타
복장

무예용 복장 - 격구관복

격구는 오랜 기간 이어져 내려온 마상에서 막대로 공을 쳐 골문
에 넣는 놀이이면서 군사훈련의 성격도 겸한 스포츠입니다.
조선 후기 『무예도보통지(1790)』에서는 당시 격구에 사용되는
관복의 구성이 기록되어 있는데, 취우와 호수를 꽂은 종립鬃笠에
홍철릭을 입고, 과두(요대), 광다회. 사구(습)을 찬 융복의 모습입
니다.

종립

홍철릭

무예용 복장 - 마예관복

마예馬藝는 마상에서 행하는 각종 무예를 의미하고, 마상재馬上才는 마상에서 행하는 묘기를 말합니다. 이들이 무예를 행할 때의 복장을 각각 마예관복, 마상재관복이라 칭합니다.

『무예도보통지(1790)』에서는 당시 마예와 마상재에 사용되는 관복의 구성이 기록되어 있습니다.

마예의 경우 당시 마군이 사용하던 갑주를 입은 차림과 같고, 마상재 관복도설에서는 상하분리형의 갑주가 그려져 있습니다. 앞에서 서술하였기에 여기서는 생략합니다.

마상재의 경우 보다 활동적인 동작이 요구되는 기예이기에, 바지저고리 위에 호의를 입은 간편한 차림입니다.

19세기 후반 마상재관복

18세기 후반 마상재관복

마상재관복

『무예도보통지』의 마상재 관복도설에서는 저고리보다 조금 긴 황색이나 홍색의 호의를 입으며 황색이나 홍색의 바지를 입은 모습이 그려져 있습니다. 버선 위에는 따로 신발을 신지 않았습니다.

19세기 후반 『대한제국동가도』에서도 당시 마상재 모습이 그려져 있는데, 밝은 청색의 짧은 호의와 주전립을 쓴 모습입니다. 안에는 평범한 흰색 바지저고리 위에 행전을 차고 짚신을 신었습니다.

무예도보통지 호의

대한제국동가도 호의

무예용 복장 - 보예관복

보예步藝는 보군이 행하는 무예를 의미합니다. 이 보예를 행할 때의 복장을 보예관복이라 칭합니다. 『무예도보통지(1790)』의 보예관복은 전건, 감투, 망수의蟒繡衣, 고袴(바지), 말襪(버선)로 구성됩니다. 보예에 사용되는 전건은 두전건斗戰巾이라고도 부르며 청색 삼승포에 국화사菊花絲로 장식해 만들었고, 망수의는 자수를 하거나 그림을 그려 넣어 만들었으며, 고는 청색, 황색, 홍색 3가지가 있었고, 말은 왜말倭襪이라고도 했는데 청색, 황색, 홍색 3가지에 국화사로 장식했습니다.

이 보예관복의 착용법은 3가지로 나뉘는데, 일반적인 무예를 할 때는 전건과 망수의, 바지, 버선을 입고, 왜검과 왜검교전을 할 때는 감투와 망수의, 바지, 버선, 권법을 할 땐 감투와 바지, 버선만 착용합니다.*

망수의

전건

말

*박가영(2014), 조선시대 보예관복(步藝冠服) 망수의(蟒繡衣)의 실질적 운용, 한복문화 제17호 3, 161~173

난모

이엄

방한용 복장

조선시대에도 추운 겨울을 나기 위하여 다양한 방한구가 만들어졌습니다. 특히 군사들은 추운 날씨에도 실외에서 근무하거나 움직여야 했으므로 방한구가 필수적이었을 것입니다.

머리에 쓰는 것으로는 난모가 있었는데, 난모는 소모자 형태의 머리에 맞는 방한모였습니다. 조선 후기에는 청나라에서 모직 난모를 대량으로 수입하기도 하였습니다. 또 이엄이 있는데, 이엄은 귀까지 가리는 것으로써 조선 후기에는 휘항, 풍차 등으로 불렀습니다.

팔에 끼우는 것으로 토시가 있으며, 발에 신는 것으로 버선이 있었습니다.

몸에 입는 것으로는 길게 내려오며 팔이 긴 포, 팔이 없고 짧은 배자, 긴 답호, 바지저고리가 있습니다. 군복이나 융복, 관복을 입을 때 저고리 위에 이런 옷을 여러 겹 받쳐 입었습니다.

토시

버선

포

배자

답호

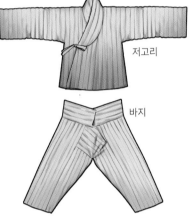

저고리

바지

이엄의 변천

조선 초기의 이엄

"비록 갑자기 혁파할 수는 없지마는 진실로 절용節用하여 그 폐단을 덜어야 될 것인데도 지금 상의원尙衣院에서 하사하는 이엄耳掩은 그 제도가 매우 크고 그 비용도 많습니다. 그런데 여러 신하들이 이를 본받아서 넓고 크게 하기를 다투어 힘씁니다. 옛날에는 귀만 가리었으나 지금은 머리까지 모두 덮어씌우니 매우 괴이한 일입니다…"

- 『중종실록』 중종 9년(1514) 10월 25일

우리나라의 사모이엄紗帽耳掩의 체제가 명종조 이전에는 모두가 대략 본조의 '립이엄笠耳掩'이라는 것과 같아서 매우 넓고 컸으며, 풍성한 것을 힘써 숭상한 때문에 초피貂皮는 4~5영(令, 가죽을 세는 단위)을 사용하고 서피鼠皮는 13~14영을 사용한 뒤에는 만들 수 있고, 단추가 있어 앞 목[項]에 합하고 끈이 있어 뒷목에 드리우는데, 쓰기에 너무 무겁기만 하고 실지는 귀를 가리지 못한다.

- 『청강선생후청쇄어』

조선 초기의 이엄耳掩은 출토유물이 없어 정확한 형태를 알기 어렵습니다. 이엄은 본래 귀만 가릴 수 있는 정도의 쓰개였지만 16세기 초 머리를 싸맬 수 있을 정도로 매우 커졌다고 하며, 명나라에서 사모이엄紗帽耳掩이 들어온 이후는 본래 쓰던 립이엄笠耳掩과 분화되었습니다.

초기 이엄의 형태는 오고타이 칸 초상에서 볼 수 있는 귀를 가릴 수 있는 작은 형태였다가 후대에 귀와 목 뒤를 가리는 부분이 커진 것으로 보입니다. 실제 성임(1421~1484) 묘 석인 상에서 후대의 휘항과 유사한 쓰개를 소모자 아래에 쓰고, 턱끈을 뒷통수에서 묶은 것을 볼 수 있습니다.

특이한 방한모로 정양우(1574~1647)-정태제(1612~1669) 묘에서 출토된 것이 있는데, 목 뒤와 양 볼을 가릴 수 있되 귀 위아래가 트여있는 특이한 구조입니다.

오고타이 칸
초상의 이엄

정양우-정태제 묘
출토 모자

신광헌(1731~1784) 묘
출토 이엄(양휘항)

단국대학교 석주선기념박물관 소장 휘항

휘항

휘항揮項이 있으니 편한 복장에 쓰는 것이다. 여러 관청의 아전들이 사사로이 휘항을 착용했다가 길에서 관장官長을 만나면 주저앉아 벗어서 소매 속에 넣는다. 겨울철 군행軍行 때 모구毛具를 갖추라는 명이 내리면 본병本兵의 총부總府와 시위하는 장신將臣, 장관將官, 금군이 모두 만선滿扇 휘항을 입는다. 만선이란 담비 가죽으로 가장자리에 선을 두른 것인데 반드시 머리 뒤쪽으로 열어 접기에 앞모습을 보면 액엄 같은 모양이 되니, 휘항이 사사로운 복장이요 관복에는 맞지 않는다는 것을 알 수 있다.

- 『고운당필기』 제3권 / 이엄

휘항揮項은 조선 후기 남성에게 일반적으로 쓰였던 방한모였으며, 비단으로 만들고 털이 없는 것은 양휘항涼揮項이라고 불렀습니다.
18세기 말~19세기의 휘항은 매우 커져 어깨를 덮으며 등까지 내려올 정도입니다. 턱 끈은 안쪽에 달리며, 바깥의 끈은 목을 여미거나 뒤에서 묶어 앞자락을 뒤로 젖히기 위해 씁니다.

풍차

"우리나라는 사치가 날로 심하여 대부분 작은 휘양을 쓰는데 -풍차風遮를 가리킨다- 모양이 아주 이상하다. 내가 그것을 그르다고 여긴 이상 어찌 먼저 쓸 수 있겠는가. 궁을 나가거나 돌아올 때 휘양을 쓰겠지만 어찌 궁궐 뜰에서 쓸 수 있겠는가."

- 『승정원일기』 영조 6년(1730) 10월 23일

풍차風遮는 머리와 볼, 목 뒤를 덮는 방한모로 턱에 끈을 묶어 볼을 가릴 수 있습니다. 18세기 등장하여 1796년에는 궁궐에서 착용하는 것이 금지되기도 하나 19세기까지도 잘 사용되었습니다.

아얌

립이엄笠耳掩이 있는데 모양이 편평하여 갓 아래에는 쓸 수 있지만 모자 위에는 쓸 수 없다. 사람들은 '액엄額掩'이라고 부르며 예전에는 사대부도 이것을 썼지만 지금은 전혀 보이지 않는다. 하사받은 것이라야 간혹 쓰는 자가 있을 뿐, 오로지 서리들이 쓰는 물건이 되었다.

- 『고운당필기』 제3권 / 이엄

아얌(액엄額掩)은 작은 방한모로 이마와 귀만을 가리고 넓은 띠를 뒤로 드리워 바람을 막을 뿐입니다. 본래 많은 사람이 착용하던 방한모였지만 18세기 말에는 휘항에 밀려 잘 사용되지 못하였습니다.

남바위

(유혁연이) 또 아뢰기를, "군사의 한구寒具를 염려하지 않을 수 없습니다. 모구피의毛狗皮衣는 이미 -3자결- 이엄耳掩을 착용하였는데, 전투에 임할 때 불편하여 지금 만약 남바위(남파휘南把揮)로써 바꾼다면 아주 -2자결- 것입니다. 반드시 모피를 안에 댄 연후에야 따뜻하게 할 수 있기 때문에 호조에 저장된 산달피를…(중략)…"
상이 이르기를, "마군은 이엄耳掩을 착용하는데 어떠한가?"
혁연赫然이 말하기를, "위로 두무(투구)를 입으면 편하지 못한데 치달려 돌진할 때에 쉽게 떨어지게 되니 더욱 불편합니다."

- 『승정원일기』 현종 8년(1667) 11월 13일

남바위(소풍차小風遮, 항풍차項風遮, 삼산건三山巾)는 머리와 귀, 목 뒤를 덮는 방한모자입니다. 『오주연문장전산고』에선 나이 많은 조사가 궁궐을 출입할 때 사용하였다고 전합니다. 1667년에는 군사들이 착용하는 이엄을 대신하여 남바위를 만들어 주기도 하였으며, 1796년에는 궁궐에서 착용하는 것이 금지되기도 하나, 19세기 경에는 관모를 쓸 때 사용하는 것이 제도화될 정도로 널리 사용되었습니다.

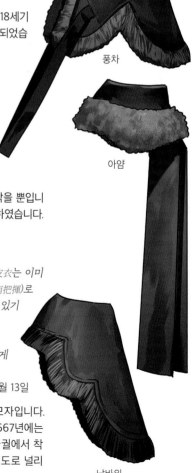

풍차

아얌

남바위

사모이엄의 변천

조선 초기의 사모이엄

정묘년(1567) 겨울, 조사詔使가 장차 올 무렵에 우상 민기가 당시 예조 판서로서 시의時議(그 시대의 의논)에 의하여 고쳐 중국 제도를 따를 것을 청하였는데, 다만 중국 제도는 사모 뒤에 뿔을 꽂는 곳 아래에는 가리는 털이 없었으니 대개 '호항護項'과 구별되게 한 까닭이다. 우리나라에는 호항이라는 것이 없으므로 '항후項後'는 우리나라의 제도를 참작하여 쓰기를 청하였는데, 상이 좋았다. 그러나 항후의 제작은 서로 뜻대로 만들게 되어서 오래도록 통일되지 못하였다.

- 『청강선생후청쇄어』

조선 초기에는 사모이엄의 제도가 따로 없어 갓에 쓰는 립이엄과 통용하였으나, 1567년부터 중국의 방식을 따라 사모이엄을 사용하기 시작합니다. 조선에서는 중국 제도와 다르게 사모뿔 아래를 가리는 털을 두었는데, 그 부분은 마음대로 만들어서 한결같지 않았다고 합니다.

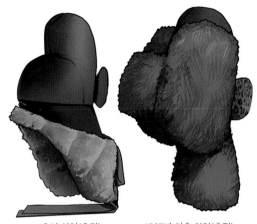

초기 이엄(추정)　　　1567년 이후 이엄(추정)

18~19세기의 사모이엄

"내가 건장하지는 않지만 성격상 이엄耳掩을 좋아하지 않아 평소 착용하지 않은 까닭에, 동가할 때 보면 신하들이 모두 휘양(휘항揮項)을 착용하되 이엄을 착용한 자는 없다…"

- 『승정원일기』 영조 9년(1733) 3월 14일

당상관은 초피 이엄을, 당하관은 서피 이엄을 한다. 이엄은 난모煖帽라고도 한다. 양식은 겉은 털이고 속은 솜을 넣어 두터운 모자에 양쪽으로 엄이掩耳를 달고 인끈을 뒤쪽으로 하나 늘어뜨린다. 초겨울부터 초봄까지 쓴다. 십수 년 전에는 당하 음관은 그다지 쓰지 않았고, 오직 호조와 선혜청의 낭관 및 묘유사관만 간혹 썼는데 쓴 사람이 고작 여섯 명에 불과해 조정 동료들이 '여섯 이엄'이라고 놀리곤 했다. 그런데 지금은 참외 유품流品까지도 쓰지 않는 이가 없으니, 귀를 아껴서가 아니라 남과 같지 않음을 부끄럽게 여겨서인가 싶다.

- 『고운당필기』 제3권 / 이엄

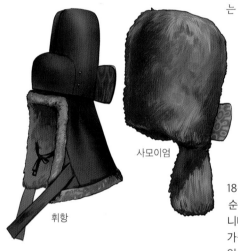

사모이엄

휘항

18~19세기에도 사모이엄이 사용되는데 립이엄을 휘항이라고 부르게 되었기에 단순히 이엄이라고 불렀습니다. 상황에 따라 휘항을 착용하기도 했던 것으로 보입니다. 모양은 안에 솜을 넣고 겉에 털을 붙인 큰 모자에 귀가리개를 붙이고 뒤에 가죽끈을 늘어뜨린 형태입니다. 「을사친정계병」에서 거대해진 사모이엄을 볼 수 있습니다.

1844년 이후의 삼산건

내가 승지 등에게 이르기를,
"풍차風遮나 삼산건三山巾이 옛날의 제도가 아닌 바이야 엄히 더 금지하라. 그렇지만 한미한 무사들은 이엄耳掩을 만들어 착용할 수 없으니 출입할 때 혹 양휘항涼揮項을 착용하는 것까지 한결같이 금지해서는 안 된다."

- 『일성록』 정조 20년(1796) 11월 26일

조복朝服 가운데에서 이엄을 삼산건으로 대신하되 당상堂上은 초피貂皮로, 당하堂下는 흑피黑皮로 가장자리를 꾸미라고 명하였다.

- 『헌종실록』 헌종 10년(1844) 12월 10일

삼산건(남바위)은 한때 궁궐에서 착용하는 것이 금지되기도 하였으나, 1844년부턴 이엄을 폐지하고 삼산건으로 대신하도록 합니다. 이때의 제도는 개항기까지 이어져 내려와 묄렌도르프의 관복 사진 등 다양한 사진자료가 남아 있습니다.

삼산건

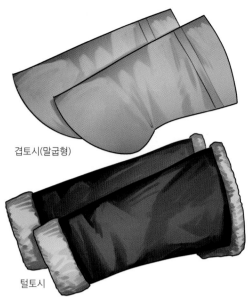

겹토시(말굽형)

털토시

토시

토시(토수吐手, 투수套袖)는 소매로 손등과 팔목에 바람이 들어
오는 것을 막기 위하여 사용하는 방한용구입니다. 홑으로 만든
홑토시, 겹으로 만든 겹토시, 솜을 넣고 누벼 만든 누비토시, 털가
죽을 대어 만든 털토시가 있습니다. 홑토시와 겹토시는 봄, 가을
에도 곧잘 사용하였고, 겨울에는 누비토시, 털토시가 사용되었습
니다.

토시의 형태로는 손이 나오는 구멍은 좁고 아래로 갈수록 넓어지
는 사다리꼴 형태의 토시가 있고, 손이 나오는 구멍이 말굽 모양
으로 손등까지 가려주는 마제굽토시가 있습니다.

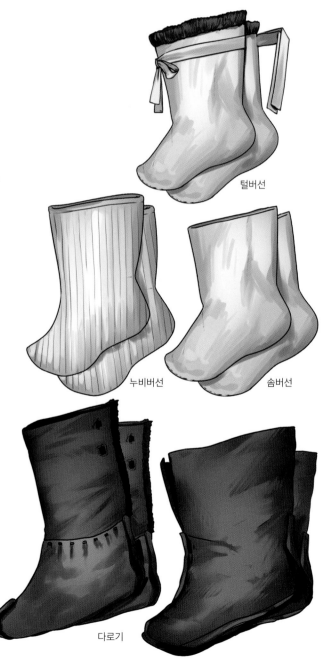

털버선

누비버선

솜버선

다로기

버선

겨울에 방한용으로 사용하는 버선은 단순히 겹친 겹버선,
솜을 채운 솜버선, 누비를 놓은 누비버선, 안에 털가죽을
댄 털버선이 있습니다. 『임원경제지』에서는 누비버선 위
에 고양이나 살쾡이 가죽으로 된 털버선毛韈을 쓰면 겨울
철 이것만 한 의복이 없다고 하였습니다.

다로기

*1. 걸어다니는 사람의 입는 다로기(월로지月老只)도 모두
스스로 만들도록 할 것이며, 기병騎兵 중에 갖추어야 할 사
람도 또한 스스로 만들도록 하소서.*
- 『성종실록』 성종 22년 신해(1491) 5월 4일

*1. 다로기[月乙五只] 각각 1부와 모구피毛拘皮 각각 2령을
본관本官에서 갖추어 지급하게 하였으며…*
- 『비변사등록』 인조 19년(1641) 05월 15일

*저고리와 바지에 개가죽을 쓴다. 버선은 소가죽을 쓰는데
그 길이가 정강이를 덮으니, 이를 '다로기多路岐'라고 부른
다. 가죽신과 짚신은 신지 않는다.*
- 『북새기략』 / 공주풍토기孔州風土記

다로기月老只, 多路岐는 가죽으로 된 신이자 버선으로 조
선 초기부터 방한용구로 많이 사용되었습니다.
형태적으로는 전체를 가죽으로 만든 것이 있고, 발목 아
래는 가죽인데 위는 면으로 된 것도 있습니다. 또 상단에
끈을 맬 수 있는 구멍을 내어 단단히 신을 수 있게 한 것
도 있습니다.

갓옷

"신 등이 생각하건대 양계兩界 연대煙臺의 수졸戍卒은 추위를 참으며 망을 보고 있으니, 마땅히 구휼救恤하는 바가 있어야 합니다. 세종조世宗朝에는 개가죽으로 만든 갓옷[裘衣]을 주었으니, 지금은 가히 이것으로써 옷을 만들어 내려 주소서."

– 『성종실록』 성종 3년(1472) 11월 26일

"육진은 지대가 매우 추운 곳이어서 전부터 가끔 납의衲衣를 지어 보냈는데 근래에는 그렇게 한다는 말을 듣지 못했습니다. 혹 지의紙衣를 만들어 보낸다고 하나 모두에게 미치지는 못하고 있는 실정이니 예송例送의 수량을 늘리도록 하소서. 그리고 긴요치 않은 공물은 면제해 주고, 개가죽 옷[狗皮衣]을 만들어 보내주도록 하소서."

– 『명종실록』 명종 18년(1563) 8월 7일

상이 이르기를,
"한열寒熱 중에 어느 것이 더욱 감당할 수 없겠는가?"
혁연赫然이 아뢰기를,
"추위를 더 견디지 못한다고 하는데, 신이 거느리는 것이 이와 같은 경우가 많으니 매우 걱정스럽습니다. 신이 정군으로 하여금 각각 모구피毛拘皮 1령을 갖추게 하고, 또 봉족 3인으로 하여금 각각 1령을 내게 하였는데, 모의毛衣를 지어 마치 엄심갑이 가리듯이 하였습니다."

– 『승정원일기』 현종 8년(1667) 11월 13일

가죽으로 만든 옷인 갓옷은 조선 초기부터 여러 종류가 사용되었습니다.
대신들에게는 담비가죽으로 만든 옷인 초구가 하사되기도 하였으며, 군사들에게는 개가죽 옷인 구피의狗皮衣가 자주 보급됐는데, 개가죽 2~4개 정도로 만드는 점을 고려하면 배자 형태였을 것으로 보입니다. 제주도의 사냥꾼이나 목동 등이 사용하던 개가죽 두루마기는 개가죽 12~13개가 사용되었다고 합니다.*
그 외에 안감이나 가선에 털가죽을 댄 갓저고리나 털배자는 유복한 계층에게 널리 사용되었으며 유물도 많이 남아 있습니다.

갓저고리

구피의(추정)

털배자

개가죽 두루마기

---

*박양희, 최연우(2020), 조선 후기 이후 갓옷에 관한 연구
-<단국대학교 석주선기념박물관> 소장 유물을 중심으로-, 한국복식 제43호

핫옷과 누비옷

"병조의 계사로 인하여 상번上番 가운데 옷이 없는 군사 95명에게 해조로 하여금 유의襦衣를 만들어 주도록 전교하셨습니다. 이처럼 매우 추운 때를 맞아 상께서 특별히 호위하는 군병들의 옷이 얇은 것을 걱정하여 이렇게 따뜻이 입히라는 명을 내리셨으니…(중략)…번에 들었던 군사는 모두 재력이 있는 자들이라고 합니다. 그러므로 점고點考하는 날에 혹 의복이 곱고 깨끗하다고 이르는 경우도 있었는데 어찌 옷이 얇아 추위를 호소하는 자가 90여 명에 달한단 말입니까…"
- 『승정원일기』 인조 5년(1627) 12월 15일

해당 감사(평안감사)의 장계에,
"작년 본도에 전후로 운반해 온 유의襦衣 385령과 지의紙衣 400령을 일일이 본도의 저울로 무게를 달아 보았더니, 유의는 솜의 무게가 정식定式에 비하여 간혹 몇 냥씩 더 나가는 것도 있었으나 지의는 먼 길에 실려 오는 동안에 저절로 닳거나 상해서 간혹 찢어져 터진 곳이 있었으므로 다시 실로 기워서 연로沿路 각 읍의 좌수座首를 시켜 차차로 영운領運하여 보내게 하였습니다…(중략)…수졸戍卒과 봉군烽軍 등이 고하기를, "유의와 지의를 본진本鎭에서는 수효에 맞추어 내주었는데, 연달아 목화 농사가 흉년이 들어 부모와 처자가 장차 동사凍死를 면치 못할 지경이어서 이 유의를 나누어 웃옷과 바지를 만들어 함께 입었습니다."하였습니다…"
- 『일성록』 정조 14년(1790) 1월 6일(정해)

지의紙衣는 종이로 겉을 받치고 무명으로 안을 받치는데 무게가 4근이며, 유의襦衣는 안팎이 생무명이고, 솜을 놓는데 무게의 표준은 3근이다. 빈섬에 싸서 양 창고에 진배한다.
- 『만기요람(1808)』 군정편 1 / 비변사 소장사목 / 서북 유지의 및 목면거핵

핫옷은 솜을 두어 만든 옷이라는 뜻으로, 다양한 형태로 만들어 졌습니다. 충전재로 보통 목화솜이 쓰였지만, 명주솜, 종이가 쓰이기도 했습니다.
조선 초기부터 육진 등 추운 지역의 병사들에게 납의衲衣(누비옷)나 유의襦衣(솜옷), 지의紙衣(종이옷)를 정기적, 비정기적으로 보내주었으며, 조선 후기에는 서울의 군영에서도 얇은 옷을 입은 군사들을 점검하여 유의를 지급하였습니다.
병사들에게 나누어 주었던 유의나 지의의 형태는 포형으로 보이는데, 3~4근이라는 무게와, 1790년 유의를 뜯어 바지저고리를 만들었다는 기록을 고려해 보면 그러합니다.

장복길(1624~1685)
묘 출토 누비소창의

장복길(1624~1685)
묘 출토 누비중치막

배자, 답호

배자와 답호는 일상적으로 착용했던 방한복이
지만 보통 개인적으로 갖추는 품목이었습니다.
보통 안에 받쳐 입는 복식이지만, 평소에 편하게
다닐 때는 겉옷으로 입기도 했습니다.
솜을 두어 만든 배자는 조선 초기부터 후기까지
유물이 많으나, 종이만을 충전재로 사용한 경우
는 심수륜(1534~1589) 묘 출토 배자가 유일합
니다. 심수륜의 직위가 문관 종9품이었던 것을
고려하면, 서민층에서는 심수륜 묘 배자와 같은
종이배자가 더 많이 사용되었을 수도 있을 것 같
습니다.*

심수륜(1534~1589) 묘 출토 배자

화산군 이연(1647~1702)
묘 출토 답호

김확(1572~1633) 묘 출토 배자

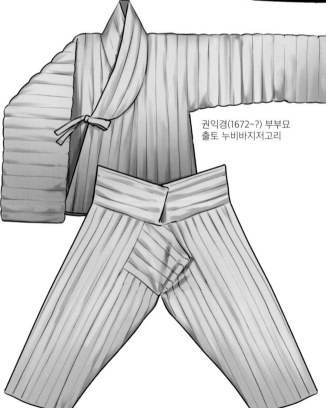

권익경(1672~?) 부부묘
출토 누비바지저고리

핫바지, 핫저고리

핫바지와 핫저고리는 솜을 넣은 바지와 저고리
의 통칭으로써, 누비를 놓거나 솜을 채워넣은 겨
울용 바지저고리를 말합니다.
일상적으로 착용했던 방한복이지만 병사들에게
지급되는 경우는 잘 없고, 개인적으로 갖추는 품
목에 가까웠습니다.
형태는 당대 사용되던 바지저고리와 동일하나
사용 계층에 따라 누비의 잔 정도, 솜의 종류 등
에는 차이가 있었습니다.

*이영민, 조우현(2014), 심수륜(沈秀崙) 묘 출토 배자(背子)의 형태적 특징 고찰,
복식(服飾), JKSC) Vol.64, No.8, 55~66

우천시의 복장

병조에 전지하기를,
"봄 사냥 때에는 3품 이하의 시위 군사侍衛軍士는
친히 우구雨具를 가지라는 것은 이미 일찍이 법
을 세웠는데도 그대로 시행하기를 좋아하지 않
고 반드시 노자奴子로 하여금 가지고 있게 하니,
비가 오는 때에 미처 착용하지 못할 뿐 아니라 군
령軍令이 또 엄중하지 않았다. 지금부터는 비나
눈이 오는 날에는 친히 스스로 말 위에서 갖고 다
니게 하라. 만약 명령에 위반하는 자가 혹 있거든
검찰하여 처벌하게 하라."하였다.
— 『세종실록』 세종 14년(1432) 3월 3일

안성 싸움에서 밤에 비가 쏟아붓는 것처럼 왔는
데, 아군은 우구雨具로 막아 군사 물자가 젖지 않
았지만, 적의 기계器械는 탄환 한 발 화살 한 대
를 쏘지 못했다…
— 『영조실록』 영조 4년(1728) 3월 24일

조선시대 군사복식에서 우구雨具(우천 장비)는
우천 시에도 전투능력을 유지할 수 있도록 하는
장비로써 매우 중요하게 여겨졌습니다.
비가 올 때 머리에 쓰는 것으로 삿갓, 갓 위에 쓰
는 것으로는 갈모가 있습니다. 발에 신는 것으로
는 나무로 된 나막신, 가죽으로 되어 기름을 바른
진신 등이 있으며, 입는 것으로는 짚으로 된 도롱
이와 직물에 기름칠해 만든 유삼이 있습니다.

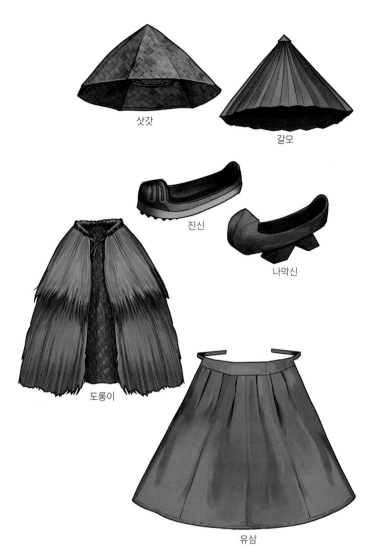

삿갓

갈모

진신

나막신

도롱이

유삼

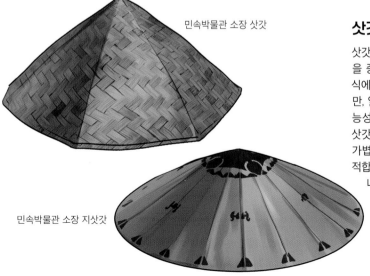

민속박물관 소장 삿갓

민속박물관 소장 지삿갓

삿갓

삿갓(립笠, 농립農笠)은 조선시대 이전부터 농민
을 중심으로 널리 사용되던 쓰개입니다. 군사복
식에서는 공식적으로 사용된 바를 찾기 어렵지
만, 일상적인 쓰개인 만큼 우구로 전용되었을 가
능성이 높습니다.
삿갓은 갈대를 쪼개 만든 삿을 엮어 만드는데,
가볍고 튼튼하여 햇볕을 가리고 비를 막는 데에
적합하였습니다. 대나무로 만든 것은 대삿갓, 대
나무로 뼈대를 만들고 종이를 댄 것은 지삿
갓이라 하였는데, 형태는 대동소이합니다.

민속박물관 소장 갈모

피바디에섹스박물관 소장
평안감사환영도 갈모

갈모

갈모는 우모雨帽라고도 하며 갓이 젖어 망가지는 것을 막기 위해 덧쓰는 모자입니다. 부채처럼 접을 수 있어 휴대하기 편하며 펼치면 삿갓 같은 모양새입니다.
『청강선생후청쇄어』에서 김순고가 갓을 개량할 때 우모의 사용을 고려했다 하니 늦어도 16세기부터는 일반적으로 사용하였을 것으로 보입니다.

갈모테

갈모테는 갈모를 갓에 잘 고정하기 위해 갓 위에 써 갈모를 받쳐주는 장치입니다.
『임원경제지 섬용지(19세기 초)』에서는 갈모테를 입가笠架라 하였으며, 둥근 모전에 비단을 덧대어 갓 윗부분을 덮고, 네 방향으로 뿔갈고리가 달린 실끈을 달아 갈고리를 양태에 걸어 사용한다고 하였으며, 근래에 사용하는 제도는 갈고리 대신 댓가지 2개를 이용하여 만드는데 더 좋아졌다고 하였습니다.
현재 남아있는 갈모테 유물들은 대부분 댓가지 5~6개에 모체도 댓가지로 감싸는 견고한 모양새인데 『임원경제지 섬용지』 이후 19세기 새로이 등장한 양식인 것으로 보입니다.

진신

진신은 비가 올 때나 땅이 젖었을 때 쓰는 신입니다. 나막신(목혜木鞋), 징신(유혜油鞋), 놋신 등이 있습니다. 물론 가죽으로 만든 혜나 화, 수화자도 비가 오는 날씨에 사용할 수 있었습니다.
나막신은 통나무를 파서 만든 신으로, 땅에서 약간 떨어지도록 굽이 있습니다. 나막신은 모든 계층에서 사용하였지만, 윗사람 앞에서 쓰는 것은 예의 바르지 못한 행동으로 여겨지기도 했습니다.
나막신 중 태사혜와 같이 조각된 것은 상대적으로 높은 계층이 사용한 것으로 보입니다. 또 분투혜와 유사하게 치수가 매우 큰 것이 있는데, 그런 나막신은 짚신을 신고 그 위에 신었던 것으로 보입니다.
징신은 여러 겹의 가죽에 기름칠해 만든 신으로, 태사혜와 비슷한 모양새입니다. 양반을 중심으로 사용하였습니다.
동으로 만든 신인 놋신은 귀한 신발이지만 남성이 일반적으로 신는 신발은 아니었습니다.

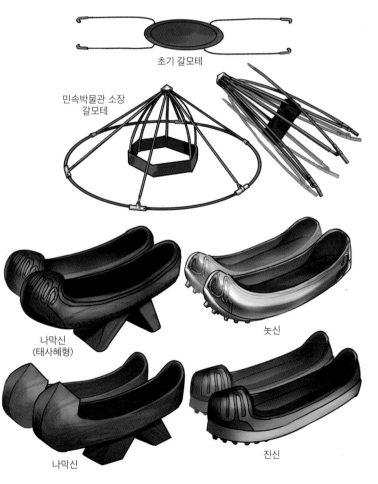

초기 갈모테

민속박물관 소장
갈모테

나막신
(태사혜형)

놋신

나막신

진신

도롱이

도원수都元帥 이극균李克均에게는 주자 소오자紬子小襖子 1개, 호초胡椒 4두斗, 사의蓑衣(도롱이) 1부, 석웅황石雄黃 1근斤, 낭자囊子 1개를 하사下賜하고…

　　　　　　　　　　- 『성종실록』 성종 22년(1491) 8월 28일

"…융복戎服을 한 자는 유삼油衫을 입을 수 없고 반드시 사의蓑衣를 입는 것이 법인데, 지금 사의를 입은 자를 보지 못했다."

　　　　　　　　　　- 『일성록』 정조 8년(1784) 3월 25일

도롱이(사의蓑衣)는 짚이나 왕골 등을 엮어 만드는 우의로, 조선 초기에는 높은 계층도 사용하였습니다.
도롱이의 생김새는 안쪽은 짚을 촘촘하게 엮어 새지 않게 하되, 겉은 짚을 아래로 층층이 드리워 초가지붕처럼 빗물을 잘 흘러내리게 합니다.
단순하게 목에 두르는 끈만 달린 것도 있고, 어깨끈이 달려 바람에도 잘 날리지 않게 만든 것도 있습니다.

민속박물관 소장
도롱이

민속박물관 소장
도롱이(어깨끈)

백주유삼과 목면유삼

"마침 가랑비가 와서 우구雨具를 찾자 유삼油衫을 가진 자가 말 위에 있으면서도 떠드는 소리 때문에 미처 말을 듣지 못하여 두 번 말한 뒤에야 내왔는데, 이것은 그 관원의 잘못이 아니라 곧 나의 실수였다…"
- 『중종실록』 중종 16년(1521) 6월 19일

지유삼紙油衫 336벌 [50벌은 가후군에게 나누어 주며, 286벌은 표하군에게 나누어 준다]·목면 유삼 592벌. [7개번의 금군에게 나누어 준다.]
- 『만기요람(1808)』 군정편 2 / 부 용호영 군기

마군은 갑주·환도·통아·편곤이 각 1, 장전 20, 편전 15 [연한이 없다.] 교자궁·후궁 각 1 [연한은 8년이다.] 유삼油衫 1이다. [연한은 7년이다.]
- 『만기요람』 군정편 2 / 훈련도감 군기

유삼油衫은 직물에 기름칠을 하여 만든 우의입니다. 사대부들에 의하여 사용된 유삼은 「파교심매도」, 「설평기려」에서 볼 수 있는데, 색은 백색이며 길이가 길어 발까지 가릴 정도입니다. 『증보산림경제』에는 유삼 제조법이 쓰여있는데, 백색 주로 만들고, 길이는 약 150cm로 매우 길며 치마처럼 주름을 잡아 걸치기 좋게 하였습니다. 끈이 없어 안에서 손으로 잡아 사용했을 것으로 보입니다.*

장교와 병사가 사용하던 유삼은 지유삼紙油衫과 목유삼木油衫으로 각각 종이와 청색 무명으로 만들며 목유삼이 더 고급의 유삼이었습니다. 목유삼의 경우 유물이 남아있지 않으나 정기적으로 덧바르는 기름의 값이 지유삼과 거의 같기에(4전 / 3전 5푼), 크기와 형태에 있어서는 대동소이했을 것으로 보입니다.**

목면유삼

백주유삼

*김은정(2013), 조선시대 유삼(油衫)의 용례와 형태 재현에 관한 연구, 한복문화 제16권 1호, 39~50
**박가영(2014), 조선시대 군사 유삼(油衫)의 종류와 운용 체계, 복식(服飾, JKSC) Vol.64, No.7, 143~155

지유삼

구성임이 나아와 엎드려 아뢰기를,
"군병이 입는 지유삼紙油衫이 만든 지 오래되다 보니 대부분 썩고 상하여 거둥하실 때 호위하다가 비를 만나면 입는 사람도 있고 안 입는 사람도 있습니다. 그래서 지금 차례로 만들어 지급하려 하는데, 거기에 들어가는 낙복지落幅紙를 마련할 길이 없으니 매우 근심스러운 일입니다…"
- 『승정원일기』 영조 16년 경신(1740) 4월 20일

지유삼紙油衫 1,108건 [청목면제 154건, 향군의 지유삼 350건.]
- 『만기요람』 군정편 3 / 금위영 군기

조선 후기 군사들에게 일반적으로 나누어 준 유삼은 종이로 된 지유삼으로, 직물 유삼과 유사하되 주름은 잡지 않고 사다리꼴 형태로 생겼습니다. 온양민속박물관에는 끈이 달린 유삼이 소장되어 있으며 로텐바움세계문화예술박물관에는 단추가 2개 달린 유삼 2점이 소장되어 있습니다. 지유삼의 제작 방식과 만듦새는 거의 유사한데, 개폐 방식만 끈과 단추 2종이 혼용되었던 것으로 보입니다.

로텐바움세계문화예술박물관 소장 지유삼

온양민속박물관 소장 지유삼

포형유삼

박문수가 아뢰기를,
"금군의 우구雨具 또한 고쳐 준비하여 지급해야 하는 데 들어가는 것을 계산해 보면 목면포木綿布 8탕湯과 임자荏子 몇 섬이어야 합니다. 본영은 고달프게도 임자가 나올 곳이 없어 마련할 수 없으니 가을에 조처하겠습니다. 감히 진달합니다."하니, 상이 이르기를,
"그리하라. 전에 군대 안의 우구를 보니 모두 옷 모양으로 만들었다. 그런데 지금은 몸보다 큰 우구로 바꾸었으니 군대 안의 사람이 이것을 입고서 어찌 움직이겠는가."

- 『승정원일기』 영조 14년(1738) 3월 10일

조선 후기 사용된 유삼 중에서는 소매가 달리고 옷처럼 생긴 포형유삼도 있었습니다. 피바디에섹스박물관 소장 「평안감사환영도」 8폭 병풍에서는 포형 유삼과 망토형 유삼이 혼용되는 것을 볼 수 있습니다.
포형 유삼은 보다 활동적인 작업을 하기에 적합하여 18세기 초 이미 군영에서 사용되고 있었지만, 아마 제작비의 문제로 모든 군사들이 사용하는 유삼에 이르지는 못한 것으로 보입니다.
로텐바움세계문화예술박물관에 한 점 소장되어 있습니다.

로텐바움세계문화예술박물관 소장
포형유삼

조선 초기의 직령

각 령領의 위정尉正은 감투坎頭와 고정립에 직령直領, 전대纏帶를 차도록
하고…

— 『고려사』 여복지 / 관복 1387년 6월

1. 각 전, 각 궁의 별감別監과 전악서典樂署의 악공樂工은, 평상시에는 직령
直領, 협주음腋注音(액주름), 철릭帖裏을 입고, 차비差備할 때에는 단령을 입
으며, 지방의 향리는 직령을 입고, 서울 안 상림원 별감과 대장隊仗, 대부隊
副, 무사武士, 서인庶人과 지방의 일수 양반, 공, 상, 천례 등은 공통으로 직
령, 협주음, 철릭을 입는다.

— 『세종실록』 세종 31년(1449) 1월 25일

직령直領은 좁게는 곧은 깃만을 의미하기도 하나, 양 옆에 무가 달린 포를
지칭하는 용어로도 사용되었습니다. 직령은 모든 계층에 의해 사용되었는
데, 무관이나 군사가 평소 입는 복장으로도 사용하였습니다.
고려 말 하급장교인 위정에게 감투, 고정립과 직령, 전대를 입게 하는 등 직
령은 무인의 복장으로도 사용되었는데, 조선 초기 노사신(1427~1498) 묘
와 성임(1421~1484) 묘 무인석상에서는 직령과 소모자를 착용한 무인의
모습을 볼 수 있습니다.

고운(1479~1530) 묘
출토 직령

이언충(1524~1582) 묘
출토 직령

조선 후기의 직령

정형익이 다시 일어나 무릎 꿇고 아뢰기를,
"지금 병사가 하직해야 하는데, 소회가 있어 감히 이렇게 우러러 아룁니다. 문관과 무관의 문복文服은 각각 제도가 있는데, 무관이 흑철릭에 수화자水靴子를 신는 것은 쏘는 데에 편하고 걷기에 유리하기 때문입니다. 효묘조孝廟朝에 일찍이 신칙하는 영이 있었으나 점차 해이해져서 지금은 병사, 수사, 첨호·만호가 모두 직령直領에 화자靴子를 신으면서 철릭에 수화자를 신는 것을 모두 싫어하니 매우 놀라운 일입니다. 특별히 병조에 하교하여 각 도의 병사와 수사에게 신칙하여 무관으로 하여금 모두 철릭에 수화자를 신도록 해야 합니다."
- 『영조실록』 영조 2년(1726) 10월 8일

조선 후기에도 여전히 직령이 사용되었으나, 활동적이지 못한 복장으로 여겨져 무관이 직령을 착용하는 것을 금하기도 합니다. 서화나 각종 조각에서도 무관이 직령을 착용하는 모습을 보기 힘들며, 주로 관아의 하급관리들에 의해 주로 사용된 모습이 확인됩니다.

신경유(1581~1633) 묘
출토 직령

홍희준(1761~1841) 묘
출토 직령

조선 초기 녹사, 서리의 복장

의정부·육조·삼군 녹사三軍錄事와 가각고架閣庫의 녹사·선차방宣差房의
지인知印·각사의 아전들은 흰 옷에 흰 베로 싼 평정건平頂巾·백화·백립으
로 3년을 마치고…

- 『세종실록』 세종 4년(1422) 5월 13일

의정부 녹사議政府錄事 김상려金尙呂 등이 상언上言하기를,
"내직 사준內直司樽으로부터 양현고 녹사養賢庫錄事와 호조 중감戶曹重監
에 이르기까지 모두 사모를 쓰옵는데, 유독 신들만 유각두건有角頭巾을 씀
으로써 지금까지 고려[前朝]의 폐습을 따르고 있사옴은 깊이 유감으로 생
각되오니, 다 같이 사모를 쓰게 하여 주옵소서."하니, 윤허하지 아니하였다.

- 『세종실록』 세종 30년(1448) 1월 4일

녹사와 서리는 고려와 조선 초기 중앙의 여러 관서에 설치되었던 하급 관
직으로, 의정부, 육조 등의 행정 관서 외에도 삼군부, 도총부 등 군문에서
도 근무하였습니다. 이들은 각종 공문서 작성과 회계 등 행정 실무를 담당
하였습니다.

『경국대전(1484)』에 따르면 녹사는 상급서리로써 유각평정건有角平頂巾
과 단령을 입었으며, 서리는 무각평정건無角平頂巾과 단령을 입었습니다.
이들이 입는 복장은 상황에 따라 달랐는데, 『기영회도(1584)』와 같은 회
화에는 홍단령으로 그려지며, 『인조장렬왕후가례도감의궤(1638)』에서는
청현색(단령 혹은 직령)으로 그려집니다. 16~17세기 관복 제도가 정비됨
에 따라서 녹사와 서리의 복색에도 평상시는 홍색, 의례에는 청현색의 구
별이 생긴 것으로 보입니다.

유각평정건

무각평정건(후면)

무각평정건(전면)

기영회도의 서리, 녹사

조선 초기의 평정건

조선 초기의 평정건은 「기영회도」와 『기로연시
화첩』 등의 회화에서 확인할 수 있습니다.
회화에서 확인할 수 있는 조선 초기의 평정건은
후대에 비하여 높지 않고 머리에 맞는 크기에 직
물로 만들었던 것 같습니다.

인조장렬왕후가례도감의궤 서리

조선 후기 녹사, 서리의 복장

"지금 관복의 일로 인하여 항상 안타까운 것이 있는데, 녹사錄事가 사람은 비록 미천하나 역시 의관衣冠을 한 사람이다. 하물며 출사한 날짜를 계산하여 수직授職함에 있어서 의관의 제도는 마땅히 옛 것을 따라야 하는데, 옛날에는 모대帽帶를 착용한 녹사가 있고 유각평정건과 도대를 착용한 녹사가 있었는데, 근년近年 이래로 반행班行에 모대를 착용한 녹사는 있어도 평정건을 쓴 자는 하나도 없으니, 이 역시 세도의 일단一端을 볼 수 있다. 의정부와 중추부로 하여금 고제를 회복하게 하라."

- 『영조실록』 영조 33년(1757) 8월 21일

조선 후기에도 녹사, 서리의 제도는 계속 이어져 내려옵니다. 녹사의 유각평정건은 1731~1744년 사이에 사모로 대체되었으며, 이후 무각평정건의 명칭도 평정건으로 변합니다.*

『대전통편(1785)』에서 녹사는 대소조의에 청현색을 사용한다 하였는데, 「기축진찬도(1829)」의 녹사는 사모에 흉배가 있는 흑단령과 품대, 서리는 평정건에 흉배가 없는 흑단령과 조대 차림입니다. 「대한제국동가도(19세기 후반)」에서는 녹사가 문관과 같은 관복 차림이며, 서리는 홍단령이되 육조서리는 청단령, 하급서리인 집리는 청직령인데 내각집리는 청단령인 등 소속과 계급에 따라서 다른 복장을 하고 있습니다.**

19세기 녹사의 복장은 문관에 준하는 복장이 되었던 것으로 보이며, 서리의 복장은 의례에선 흑단령이되 평상시 복장은 홍단령과 청현색 단령과 직령을 혼용하게 된 것이 아닌가 싶습니다. 1884년 갑신의제개혁 때 서리의 단령을 금하는데, 이후에는 평정건에 직령을 입지 않았을까 싶습니다.

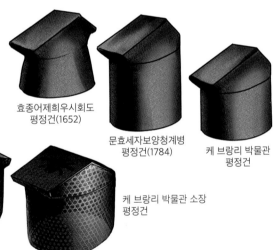

효종어제희우시회도
평정건(1652)

문효세자보양청계병
평정건(1784)

케 브랑리 박물관
평정건

케 브랑리 박물관 소장
평정건

조선 후기의 평정건

케 브랑리 박물관엔 'Pharimori(파리머리)'라는 향명이 붙은 조선 후기 평정건이 한 점 소장되어 있습니다.
케 브랑리 박물관 소장 평정건은 대를 교차하여 원통형의 모양을 만들고 위에 얇은 천을 씌워 만들며, 갓의 정꽃 장식과 유사한 장식이 붙어 있습니다.

녹사　　　서리　　　　녹사　　　서리

기축진찬도의 진찬시 복장　　　　평상시 복장

---

*이은주, 진덕순, 이정민(2018), 국립고궁박물관 소장 평정모(平頂帽)의 명칭 검토와 제작 방법, 문화재 제51권 제2호, 4~21
**구영미(2020), 「대한제국동가도(大韓帝國動駕圖)에 나타난 조선 후기 동가 복식, 이화여자대학교 대학원 석사학위논문

조선 초기 나장의 복장

전교하기를,
"밀위청 낭청은, 마음씨 순직한 나장羅將 10명과 내수사內
需司의 별좌別坐와 서제書題 각 1명씩을 가려서 데리고, 함
께 용구龍廐 아래 옛 군영軍營에서 낮으로는 사무를 보고,
밤에는 숙직하다가 거동할 땐 행차를 따르도록 하라. 금
표禁標 안에 함부로 들어오는 자는 잡는 대로 결박하여 법
에 의해 처벌하되, 사노私奴는 그 주인을, 양인良人이면
가장家長을 모두 처벌하라. 실정을 알면서도 고의로
놓아주는 자는 중한 죄를 주리라. 나장의 옷 색깔은
반팔[半臂]에 검은색 철릭[帖裏]을 붙여 입히고 '뇌리雷吏'
라고 부르라."
　　　　－『연산군일기』 연산군 12년(1506) 4월 13일

나장羅匠은 각종 관아에서 죄인을 이송하거나 태형과 장
형을 집행하는 일, 순찰업무 등을 맡은 사람입니다. 사헌
부에서는 소유所由라고 하고, 병조, 형조, 도총부, 전옥서
에서는 사령使令이라고 하고, 사간원에서는 갈도喝導라
고 하지만 모두 같은 부류입니다.*
『경국대전(1484)』에서 나장은 관으로는 조건皂巾, 복으로
는 청반비의靑半臂衣를 사용하되, 형조, 사헌부, 전옥서의
나장은 조단령, 사간원 나장은 토황단령을 쓴다고 규정되
어 있습니다.
『속삼강행실도(1514)』와 「희경루방회도(1567)」의 삽화에
그려진 나장은 조건에 철릭 차림으로 그려져 있어, 반비
를 꼭 입지 않기도 한다는 것을 알 수 있습니다.**
「유영수양관연명지도(1571)」에서는 조건과 흰색 포 위에
흑색 반비의를 입은 나장이 그려져 있어 조선 후기의 모
습에 가까워진 듯하지만 그림이 소략하여 세부를 알 수는
없습니다.

| 일반 나장 | 형조, 사헌부, 전옥서 나장 | 사간원 나장 | 연산군 뇌리 | 철릭 차림의 나장 |

---

*대전통편(1785) 병전(兵典) 경아전(京衙前) 나장(羅將)
**배진희, 이은주(2018), <희경루방회도(喜慶樓榜會圖)> 속 인물들의 복식 고찰, 문화재 Vol.51, No.4, 44~65

조선 후기 나장의 복장

"팔십 명 나장이는 알도에 눈을 박아 상투 끝에 젖혀 쓰고 철릭 위에 아청작의 흰 실로 줄을 놓아 임금 왕자 써서 입고…"
- 『한양가(1844)』

조선 후기에는 나장의 복장이 흰색-청현색의 철릭 위에 검정-아청색의 반비의를 입는 것으로 정착됩니다. 동가 등의 공식적인 행사를 할 때는 조건을 쓰지만 갓을 쓰기도 하는데, 갓을 쓸 때는 항상 깃을 꽂습니다.*

조선 후기 반비의는 흰색 끈을 댄 장식을 하였는데, 『관영조선인래조권(1624)』이 흰 선을 묘사한 가장 오래된 회화 자료입니다. 18, 19세기 『주사거배』, 『노상송사』, 『동래부사접왜사도』, 『대한제국동가도』에도 흰색 끈을 댄 반비의를 입은 나장이 등장합니다.

조건은 본래 위가 뾰족한 모양인데, 『주사거배』와 『대한제국동가도』에서 나오는 18~19세기의 조건은 위가 헐렁하여 꺾인 모양새로 그려지며, 유물로 남아있는 19세기 중후반의 조건은 윗단이 잘려나간 모습입니다. 또한 '알도'라는 원형 황동판 장식도 달립니다.

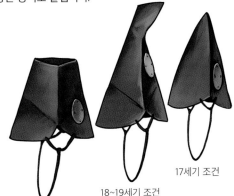

19세기 말 조건

18~19세기 조건

17세기 조건

라이프치히그라시민속박물관 소장 반비의

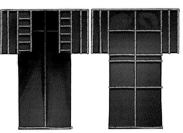

주사거배, 노상송사 18세기 반비의

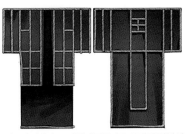

동래부사접왜사도, 대한제국동가도 19세기 반비의

---

*박윤미, 임소연(2016), 조선 말기 나장복에 관한 연구, 『服飾』 제66권 1호

조선 후기 인로, 갈도, 소유의 복장

인로引路는 고관의 행차 선두에 서서 길을 비키게 하며 길을 선도하는 직책입니다. 나장이나 조례 등의 낮은 관속이 맡았습니다. 이들이 패를 차는 제도는 조선 후기 생겼는데, 왕자는 두석패, 의정부와 승정원, 경연에서는 납패, 규장각의 인로는 금패를 차도록 하였습니다.

이들의 복장은 금패는 홍색 단령, 납패는 검은색 단령이며 조건도 특이하여 뒤로 실을 늘어뜨린 것을 볼 수 있습니다. 홍색 단령은 사간원의 나장인 갈도喝道의 복장이기도 하며 검은 단령은 사헌부 나장인 소유所由의 복장이기도 합니다.

「문효세자보양청계병(1784)」에서는 왕자의 인로를 볼 수 있으며, 「담와 홍계희 평생도」에서는 금패, 납패를 찬 인로를 볼 수 있습니다.

소유(납패)
조건

갈도(금패)
조건

소유(납패)

갈도(금패)

흑단령

홍단령

조선 후기 포졸의 복장

포졸捕卒(포도군사捕盜軍士)은 16세기 초반 도성의 치안 목적으로 창설된 포도청의 군사를 말합니다. 초기 포졸의 복장은 알 수 없으나 18세기 후반 「정조화성행행반차도」에서 당대의 포졸복을 볼 수 있습니다.

18세기 후반 포졸의 복장은 녹색이나 홍색 바탕에 팔은 바탕색과 다른 홍, 녹색, 소매부리는 흰색의 짧은 협수에 검은 전복 차림입니다. 전복의 앞자락만 묶는다면 걸리적거릴 것이 없어 포도군사에게 요구되었을 활동적인 동작에 적합한 복장인 것으로 보입니다.

19세기 후반 「대한제국동가도」에서도 포졸의 복장을 볼 수 있는데, 바지저고리에 전립과 검은 전복을 입은 차림입니다. 전복의 앞자락은 뒤에서 묶어 활동에 방해가 되지 않도록 하였습니다.

18세기 후반의 포졸

19세기 후반의 포졸

근장군사

근장군사近仗軍士는 궁궐의 문에 배치되어 잡인을 금하는 군사로, 조선 초기에는 군사들에서 차출하여 배치했지만, 후기에는 고용하여 배치되었습니다.

이들의 복장은 「문효세자보양청계병(1784)」 등 수많은 왕실기록화에서 볼 수 있는데, 흰색 협수에 검은 전복, 장식이 없는 전립으로 단순하고 간편한 복장입니다.

근장군사

17세기 군뢰의 복장

김재로가 아뢰기를,

"어제 별차비와 전배의 복색은 협련군을 따라 순소純素로 하라는 명이 있었습니다. 그렇다면 의물을 모두 흰색으로 해야 하니 깃대와 주장朱杖 등의 물건도 흰색으로 칠해야 할 듯하고, 뇌자牢子의 홍전립紅氈笠도 어울리지 않을 듯합니다. 어떻게 해야겠습니까? 감히 여쭙니다."

하니, 상이 이르기를,

"홍전립은 백전白氈으로 하고 그대로 '용勇' 자를 붙이면 이는 나졸이 백건에 거울을 붙인 것과 비슷하게 된다…"

　　　　　- 『승정원일기』 영조 7년 (1731) 8월 13일

군뢰軍牢(뇌자牢子)는 임진왜란 이후 군제 개정으로 등장한 새로운 병종으로, 장군 가까이서 주장과 곤장을 가지고 다니며 명령을 전달하거나 형벌을 집행하는 역할을 했습니다.

17세기 군뢰는 「북새선은도」에서는 청색 협수에 황색 호의, 주전립(붉은색 전립), 「탐라순력도(1702)」에서는 붉은 호의, 주전립 차림입니다. 이때에는 황색 혹은 홍색 호의에 주전립을 쓴 것으로 보입니다.

중국 후베이성 량장왕릉 출토품 중 금색으로 '용勇' 자가 쓰인 붉은색 철투구가 있는데, 이러한 투구는 명나라군에서 장군 가까이 있던 친병이 사용하였습니다. 17세기 조선에서 그러한 용도와 제도를 본떠 붉은색으로 전립을 만들어 두석으로 용자 장식을 만들어 달았고, 그것이 군뢰의 주전립으로 후대에 내려온 것이 아닌가 싶습니다.

탐라순력도의 군뢰

북새선은도의 군뢰

군뢰 군복(추정)

용자 투구

주전립(추정)

18~19세기 군뢰의 복장

○ 순령수는 전건을 쓰고 칼을 차며, 철투삭鐵套索[각군이 모두 투삭套索(오랏줄)을 두르는데 순령수와 뇌자만은 철색鐵索(사슬)을 두른다. 모든 영이 모두 마찬가지다]을 두르고 순시 영기巡視令旗를 받든다.

○ 뇌자는 주전립朱氈笠[붉은 전朱氈으로 만드는데 전은 말리어 위로 올라가고, 위에는 주석으로 만든 등자(정자)와 청전우를 쓰고, 앞에는 두석용자豆錫勇子를 붙인다]을 쓰고, 칼을 차고 주장을 잡는다.

- 『만기요람(1808)』 군정편2 / 훈련도감 복착

18~19세기 군뢰는 「영조정순왕후가례도감의궤반차도(1759)」에선 청전복에 주전립, 「안릉신영도(1785)」에선 홍호의에 주전립, 일부는 전립을 차고 있습니다. 이때에는 홍호의에 주전립이 기본적인 차림이되 경우에 따라서 청전복과 전립을 쓴 것으로 보입니다.

18세기 초중반 주전립의 제도가 변한 것으로 보이는데 앞과 좌우가 말려 올라가며 청색 안감이 잘 보이게 된 것으로 보입니다. 『만기요람』에서는 전으로 만든다고 전하나 실제 남은 유물을 보면 모두 직물로 되었는데, 단순한 오기이거나 19세기경 소재의 변화가 있었던 것으로 볼 수도 있습니다.

또 개화기 찍힌 사진들에서 순시기 혹은 영기를 드는 기수인 순령수巡令手도 두석용자를 붙인 전립을 사용하는 경우를 볼 수 있는데, 뇌자와 유사하게 장군의 곁에서 위엄을 살리는 역할이기에 그런 것이 아닌가 싶습니다.

고려대학교 소장 군뢰복(추정)

주전립

용자 전립

회자수의 복장

회자수는 귀건鬼巾[홍색문주紅色紋紬를 가지고
녹주綠紬와 한데 붙여 꿰매고 앞에는 아래위로
2개의 고리를 달고 뒤에는 늘어진 끈이 있어 쓰
면 발꿈치까지 내려간다. 홍주紅紬는 6찰을 그렸
는데 그 길이가 2자 남짓하다]을 쓰며, 귀의鬼衣
[홍색 무명으로 만든다]를 입으며, 협도를 들고
대장의 말 머리에 마주선다.
- 『만기요람』 군정편2 / 훈련도감 복착

회자수는 군뢰의 일종으로 협도를 들고 귀건과
귀의를 입고 대장 가까이에 서며, 사형을 집행하
는 직책입니다.
「정조화성행행반차도」에서는 18세기 말의 제
도가 그려져 있는데, 홍색 직령 형태의 귀의와
귀건을 쓴 모습입니다.
모스크바국립동양박물관에 소장된 김준근의
「사형(참형하는모양)」에서는 19세기 말의 달라
진 제도가 그려져 있는데, 귀의가 군복으로 변하
여 흑색 협수와 홍색 괘자를 입었습니다.

18세기 말 회자수

19세기 말 회자수

18세기 말 귀건(추정)

19세기 말 귀건(추정)

귀건

회자수두건 1쌍 / 동전 2냥2전5푼[홍이광단1척
2촌5푼가격 매척1냥8전] / 7전 [남이광단5촌가
격] / 1냥8전4푼 [초록화주4척6촌가격 매척4
전] / 1냥3전8푼 [홍화주2척3촌가격 매척6전] /
4전 [봉조 공임] / 5푼 [실가격] / 4푼 [영자가격]
- 『총융청사례』 / 군물신조식

귀건은 남은 유물도 없으며 그림도 상세하진 못
해 추정할 수밖에 없습니다.
「정조화성행행반차도」에서는 홍색으로 본체를
만들고 드림은 초록색과 홍색 주로 된 끈이 발까
지 길게 내려간 모양입니다.
19세기 말 「대한제국동가도」, 「사형(참형하는모
양)」에서는 본체가 검은색이며 드림이 짧아진 것
을 볼 수 있습니다.

17세기 초반 무예별감의 복장

"대전 별감大殿別監의 결원이 18명이어서 항시 시위가 허술하다. 서울이나 외방을 막론하고 양인과 공·사의 천인에 대하여 모두 자원 응모를 허락하여 힘과 용맹을 시험한 뒤 우수한 자를 뽑아 아뢴다면 임명하여 그대로 시위侍衛를 삼을 것이다. 그리고 한편으로 무재武才를 가르친다면 이 역시 후일의 병사가 될 것이니 병조에 말하여 특별 규정으로 초모하게 하라."
- 『선조실록』 선조 27년(1594) 3월 19일

조익이 병조의 말로 아뢰기를,
"오늘 건명문建明門 밖에서 시끄럽게 다투는 소리가 나기에 하인으로 하여금 물어 보게 하였더니, 무예별감武藝別監 이의철李義哲이, 숙배하는 관원이 데리고 온 하인 영남永男을 구타하여 얼굴에 상처가 나고 머리가 깨지기까지 했다는 것이었습니다. 두세 차례 엄히 못 하도록 말렸으나 조금도 말을 듣지 않았으니, 매우 놀랍습니다. 이의철을 유사攸司로 하여금 찰추하게 하소서."하니, 아뢴 대로 하라고 전교하였다.
- 『승정원일기』 인조 3년(1625) 4월 7일

『순재고純齋稿』에 의하면 무예별감은 선조가 파천을 하는 동안 호위를 한 훈련도감의 무사 20명에게 하사한 명칭이라고 합니다. 1630년에는 정원이 30명으로 무예청이 설치되는데 1637년에는 40명, 1675년에는 60명, 1748년에는 100명, 1779년에는 150명, 1802년에는 198명 순으로 확장되며 조선 후기 국왕 호위의 중추를 담당하였습니다.*

이때 무예별감의 복장에 대한 자료가 없어 어떤 복장이었을지 알기 힘드나, 후대의 예를 고려하면 별감의 것에 준하는 복장을 하였을 것으로 보입니다. 『경국대전(1484)』에서는 별감의 복장으로 청단령靑團領과 자건紫巾을 제시하고 있는데, 「인조장렬왕후가례도감의궤반차도(1638)」와 「단종정순왕후복위부묘도감의궤반차도(1698)」에서 청단령과 자건 차림의 별감을 확인할 수 있습니다. 이 때 자건의 유물은 전하지 않으나, 『악학궤범』의 두건 삽화에서 추정할 수 있습니다. 따라서 17세기의 무예별감 복장도 청단령과 자건 차림이었을 것으로 보입니다.

자건(추정)

청단령

*송정란(2022), 조선 후기 무예별감의 활동과 인식, 용봉인문논총 60집

18세기의 무예별감

별감 관 자건. (교외동가시 황초립. ○세자궁, 빈궁은 조건.)
복 홍직령. (대소조의에는 녹색. ○교외동가시 홍색철릭.)
– 『속대전(1746)』 예전 / 의장 관·복

18세기 초에 들어서면 무예별감의 복식을 담은 자료가 생기는데,
「숭정전진연도(1710)」, 「기해 기사계첩(1719)」 등의 서화에서 확
인할 수 있습니다. 이때 별감의 복장이 녹색 직령으로 변화하면
서, 무예별감도 녹색 직령에 자건, 조총의 탄약을 담은 요대를 찼
습니다.
별감의 두건은 이 시기를 전후해 조선 후기 형태로 변하였을 것
으로 보이는데, 조선 후기의 두건은 뒤가 높게 돌출되는 모양새
에 금선이 대어져 있습니다.* 색은 변하지 않아 그대로 자건이라
불렀으며, 케 브랑리 박물관에 한 점 소장되어 있습니다.

녹색 직령

자건

*이은주, 진덕순, 이정민(2018), 국립고궁박물관 소장
평정모(平頂帽)의 명칭 검토와 제작 방법, 문화재 Vol.51, No.2

1778년 이후
무예별감의 복장

"무예별감은 전좌殿座와 거둥 및 능행과 교행을 막론하고 철릭, 초립草笠, 호수虎鬚를 착용하고, 시위侍衛하는 이외에 문을 파수할 때에는 두건과 철릭을 착용하라. 이를 영구히 준행하여 규모를 정하고 쓸데없는 비용을 줄이라."

― 『정조실록』 정조 2년(1778) 4월 4일

무예별감의 복식은 1778년 액정서 하례의 복색을 홍색으로 정하면서 다시 바뀝니다. 호수를 꽂은 황초립과 철릭 차림으로 변경하되, 문을 파수할 때는 두건과 철릭을 착용하도록 하였습니다.

이후 정조는 무예별감의 규모를 확장하고 제도를 정비하여 군대의 편제와 유사하게 조직했는데, 정조 사후 편찬된 『만기요람 (1808)』에서는 무예별감의 조직이 대령무예청과 문무예청, 남여무예청 등으로 세분화됩니다.

무예별감의 복식 또한 3가지 종류로 나뉘어, 대령무예청은 홍색의 군복을 착용하며 칼을 차고, 문무예청은 호수를 꽂은 황초립과 홍철릭에 조총, 남여무예청은 흑색의 군복을 착용하되 국왕을 시위할 때는 복장을 문무예청과 같이 하도록 변화합니다.

문무예청

황초립

남여무예청

대령무예청

19세기 후반 무예별감의 복장

"파수군의 복장을 어떻게 마련해야 할지 모르겠습니다."하니,
상이 이르기를,
"무예청의 복장과 대동소이하게 해야 할 것이다. 무예청 복장이 본래 7종이
있다. 전에 영묘英廟 때의 경직도耕織圖를 보니 무감武監이 녹색 단령을 입
고 목화木靴를 신고 있었다. 정묘조에서는 그것을 마련하기 어려운 형편이
어서 대령하는 무예청은 자지군복紫芝軍服을 착용하고 문을 지키는 무예
청은 홍철릭을 착용하게 하고, 기타 복장은 모두 없앤다."
하니, 이유원이 아뢰기를,
"현재 무예청의 복장이 매우 편리하고 좋습니다. 그러나 무예별감은 대령
복장이 있고, 문무감 복장이 있고, 또 남여무감藍輿武監 복장이 있어 차등
의 구별이 있습니다. 그렇다면 새로 정한 파수군의 복장을 어찌 무감과 흡
사하게 할 수 있겠습니까…"

　　　　　　　　　　　- 『승정원일기』 고종 11년(1874) 5월 5일

사알을 통해 구전으로 하교하기를,
"융복을 이미 없앴으니 각사의 조례들이 입던 철릭天翼도 모두 전복으
로 하라고 분부하라."하였다.

　　　　　　　　　　　- 『승정원일기』 고종 20년 계미(1883) 1월 28일

19세기 후반에도 정조대 정해진 제도가 이어져 내려오는
데, 다만 대령 무예청의 경우 색이 옅어져 자지군복紫芝
軍服(자색으로 염색한 군복)을 사용합니다.
1883년 융복을 폐지함에 따라 문무예청의 복
장도 자지군복이 되었습니다. 이때에는 총
검이 달린 소총과 환도를 동시에 소지한
것을 확인할 수 있습니다.

자지군복

조선 초기 취라치의 복장

금金·고鼓가 중앙에 있다. [고는 왼편에서 2인이 쥐고, 금은 오른편에서 1인이 쥔다. 모두 홍의紅衣에 피모자皮帽子를 착용한다. 뒤에도 이에 의방한다.]

- 『세종실록』 세종 오례 / 가례 서례

사헌부司憲府에서 취라치吹螺赤 행 사맹行司猛 이종생李從生의 장고狀告에 의거하여 아뢰기를,

"『대전속록大典續錄』 금제조禁制條에 사족士族의 초립草笠은 30죽竹이고, 서인庶人의 초립은 20죽이라 하였습니다. 취라치는 본래 사족士族은 아니나 천인賤人도 아니니, 직첩職牒이 있는 사람을 서인과 같이 논하는 것은 미편未便합니다. 지금 이후로는 직첩이 있는 자는 30죽을 금하지 말게 하소서."

- 『성종실록』 성종 7년(1476) 6월 11일

또 취라적吹螺笛과 청로대 및 견마위 등이 황의를 입는 일은 애당초 정해진 제도의 뜻을 이해할 수 없습니다…

- 『광해군일기』 광해군 11년(1619) 11월 26일

조선 초기에는 군문에서 사용하는 악기로 금金(징), 고鼓(북), 각角(소라) 등이 있었습니다. 신진법에는 대장, 부장, 유군장, 위장의 지휘관에게만 대각과 소각이 주어지고, 아래는 금과 고 등의 타악기만이 주어지는 점에서 각의 위상을 알 수 있습니다.

그중 각을 연주하는 자를 취라치(취라적吹螺赤)라고 부릅니다. 취라치는 궁궐에서 근무하는 장번병(상시 근무하는 병사)인 내취라치(내취)와, 병조에서 근무하는 번상병(정기적으로 근무하는 병사)인 외취라치로 나뉩니다.

취라치의 복장에 대한 규정은 찾아보기 힘들지만, 후대의 예를 고려하면 황색 철릭 혹은 직령이었을 것으로 보입니다.

취라치 외에 금과 고를 치는 자의 복장은 세종 오례에서 찾아볼 수 있는데, 홍의에 피모자(전립) 차림입니다. 이 복장이 어가 행렬 외에 다른 군무에서 사용되었는지는 확실하지 않습니다.

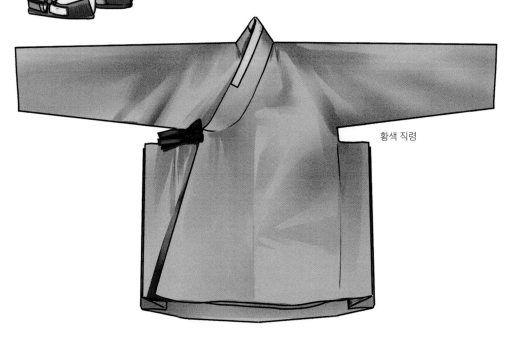

황색 직령

17세기 내취의 복장

또 취라적吹螺笛과 청로대 및 견마위 등이 황의를 입는 일은 애당초 정해진 제도의 뜻을 이해할 수 없습니다…

- 『광해군일기』 광해군 11년(1619) 11월 26일

17세기는 새로운 군제를 따른 군영이 설치되며 취고수가 등장함에 따라 오위의 제도인 취라치의 중요성이 떨어지는 시기입니다. 그러나 국왕의 의장 행렬에서 내취라치는 여전히 중요한 역할을 합니다.

「인조국장도감의궤반차도(1649)」에서는 대각, 중각, 소각의 연주자(내취라치)는 청색 각반, 황의와 황초립, 금과 고의 연주자는 청색 각반, 홍의와 홍색 전립을 착용한 것을 볼 수 있습니다.

내취라치

금, 고 연주자

황철릭

18~19세기 내취의 복장

관악기 취고수 　　　　 내취라치

내가 이르기를,
"이른바 복색이란 바로 황견黃絹인가?"하니, 서명선이 아뢰기를,
"황견이 아니라 황저포黃苧布인데, 매우 거칠면서도 약해서 금방 해지므로, 매번 계속 사용하기 어려운 폐단이 있습니다."

- 『일성록』 정조 2년 (1778) 8월 6일

이때에도 취라치는 초립, 모시로 된 황색 철릭에 남색 전대, 남색 행전을 찼습니다.

18세기 후반에는 내취의 구성이 변하는데, 북이나 자바라 등 본래 사용하지 않던 악기가 등장합니다. 이때 겸내취 제도의 실시로 인하여 군영의 취고수, 세악수가 겸내취로 많이 들어왔고, 그 영향을 받아 구성이 변한 것으로 보입니다. 이후 내취가 타악기도 연주하게 됨에 따라 홍의와 홍색 전립을 착용하던 금, 고 연주자를 찾아볼 수 없게 됩니다.

「탐라순력도(1702)」, 「평안감사향연도(19세기)」, 「동래부사접왜사도」 등에서 홍색 철릭과 흑립을 쓰는 취고수를 볼 수 있는데, 이들은 주로 각이나 나발 등의 관악기들을 사용합니다.

이들의 소속은 군영의 취고수로 보이는데, 취고수라면 황호의를 입어야 하지만 특이하게 홍철릭을 입고 있습니다. 이는 본래 각 연주자였던 취라치의 전통이 이어져 내려와 관악기 연주자들을 특별히 대우하여 홍철릭을 입힌 것이 아닌가 싶습니다.

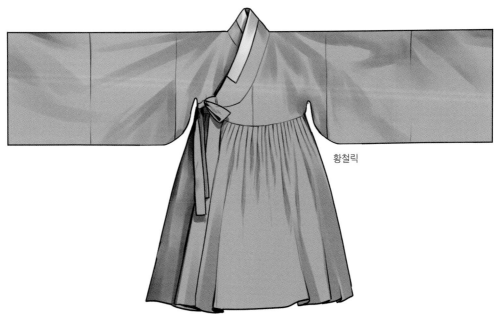

황철릭

*이숙희(2007), 조선 후기 군영악대 취고수·세악수·내취, 태학사

세악수의 복장

인견을 위해 입시한 자리에서 우참찬 민진장閔鎭
長이 아뢰기를,
"군문軍門의 세악수細樂手는 근년 이래로 처음으
로 창립되어 평상시에 달리 긴요하게 쓸 곳이 없
어 습진習陣할 때 대장大將 앞에 서 있을 뿐입니
다. 봄가을 옷감만 지급하고 급료는 지급하지 않
았습니다. 이와 같은 부류는 마땅히 덜어내야 하
는데, 궐원이 생기더라도 보충하지 말아도 되겠
습니까?"
상이 이르기를, 그리하라고 하였다.
    - 『승정원일기』 숙종 23년(1697) 11월 13일

세악수는 17세기 후반부터 군영에 설치된 악
대로, 보다 섬세한 악기를 다뤄 세악수라는 이
름이 붙었습니다. 이들은 군영에 소속되었으나
군영과 민간을 넘나들며 다양한 장소에서 활동
하였습니다.
이들의 복식은 『이원기로회계첩(1730)』에서는
청색 직령, 『안릉신영도(1785)』에서는 청색 철릭
차림으로 나오는데, 18~19세기 대부분의 풍속
화에선 청색 철릭 차림으로 등장합니다.
18세기 초반에는 청색 직령을 사용하였다가,
18세기 중후반 철릭으로 바뀌어 쭉 이어져 내려
온 것으로 보입니다.

18세기 후반의 세악수   18세기 초반의 세악수

청철릭

취고수의 복장

"전에 정원의 계사啓辭에 따라 중국의 마상재馬上才를 배우게 했는데, 어떤 재예들을 지금 어느 정도나 배웠는가? 그리고 이 제독 아문衙門의 취고수吹鼓手에 대해서 이미 배우게 했는데, 지금 어느 정도나 배웠는가? 재예를 시험보여 논상해야 될 것같으니, 훈련도감에 하문하라."
– 『선조실록』 선조 33년(1600) 1월 23일

취고수는 전립을 쓰고 황색 호의를 입으며, 칼을 차고 군악의 각종 악기[各器]를 가진다.
– 『만기요람(1808)』 군정편 2 / 훈련도감 복착

취고수吹鼓手는 임진왜란 이후 군제를 개정한 이후 등장한 새로운 군영 악대로, 나팔, 북, 징, 자바라 등 신호전달을 위해 큰 소리를 내는 악기를 사용했습니다.

취고수들의 복장은 『북새선은도(1664)』에서 청색 협수, 황색 호의에 주전립의 군뢰와 같은 복장으로 묘사되기도 하였고, 『영조정순왕후가례도감의궤반차도(1759)』에서는 청색 협수, 황색호의에 전립, 『안릉신영도(1785)』에서는 남색 협수, 황색 호의에 전립으로 그려집니다.

정리하면 취고수는 17세기 처음 등장할 때부터 청색 협수, 황색 호의에 전립을 쓰다가 18세기 중후반 군병의 협수 색이 흑색, 아청색으로 변화할 때 같이 황색 호의에 흑색, 아청색 협수로 변화한 것으로 보입니다.

모든 취고수가 황색 호의를 입었던 것은 아니었는데, 화전수의 경우 흑색, 대포수의 경우 홍색 호의를 입었으며, 또한 북을 치는 고수는 특별하게 소매부리에 한삼을 대어 북을 칠 때마다 한삼자락이 휘날리도록 하였습니다. 파총, 초관 등 낮은 무관을 수행하는 취고수는 일반 군복인 청색 전복을 착용하여 다른 병사와 구별되지 않게 하였습니다.

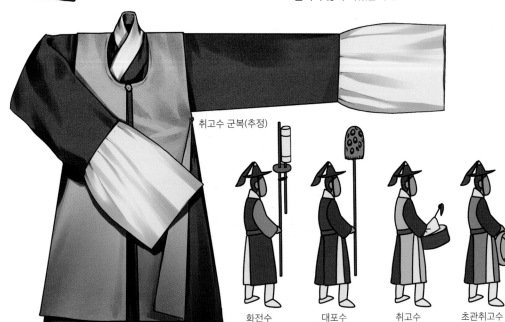

취고수 군복(추정)

화전수　　대포수　　취고수　　초관취고수

구종의 복장

구종丘從, 驅從은 관리들이 말을 탈 때 고삐를 잡아 이끌거나 안롱이나 양산, 짐 등을 들고 다니는 수행원입니다. 각종 허드렛일을 하는 직역이기에 보통 관노가 구종을 하여 구노廐奴라고도 하였습니다.

조선 초기의 구종은 박익묘 벽화(1420)에서 볼 수 있는데, 깃털을 꽂은 갓과 직령을 착용하였습니다. 「기영회도(1584)」에서는 흰색 바지저고리 혹은 소매가 좁은 직령 차림에 갓을 쓴 모양입니다.

조선 후기의 구종은 「기사계첩(1719)」, 「안릉신영도(1785)」, 「평안감사향연도(19세기)」에서 볼 수 있는데, 모두 협수 차림입니다. 기사계첩의 경우 청색이나 흰색이며 안릉신영도, 평안감사향연도에서는 청색, 흑색입니다.

「안릉신영도」와 「평안감사향연도」에서 나오는 수령의 구종은 특별히 흰색 털로 된 상모를 달았으며, 붉은색 대융을 어깨에 맨 특별한 복장을 하였습니다.

조선 초기 구종

조선 후기 구종(수령)

조선 초기 직령

조선 후기 사동　　조선 초기 사동

사동의 복장

사동使童(시동侍童, 통인通引)은 관청의 심부름을 하는 아이로 인장이나 행장 등을 들고 관료를 수행하거나 연락 등의 덜 중요한 업무를 수행하였습니다.

변수(1447~1524) 묘 출토 목우에서 철릭에 갓을 쓴 사동을 확인할 수 있으며, 「기사계첩(1719)」에서는 직령 차림, 「안릉신영도(1785)」에서는 군복 차림의 사동을 볼 수 있습니다. 「대한제국동가도」에서는 초립과 도포 차림의 통인을 확인할 수 있습니다.

정리하면, 조선 초기에는 철릭에 초립, 17세기경엔 직령, 18세기 이후에는 군복 차림으로 일을 보았던 것으로 보입니다. 다만 조선시대에는 행정 조직이 그다지 통일적으로 운영되진 못했으므로, 관청이나 직무마다 차이가 있었을 것으로 보입니다.

아동군과 아기수의 복장

상이 이르기를, "포수가 시방試放할 때 어찌하여 아동들이 많은가?"하니, 심충겸이 아뢰기를,

"동자童子로서 뽑힌 자가 15여 인인데 기술을 전수하여 완성시킬 생각이므로 아동대兒童隊라 이름하여 해체하지 않고 있습니다."

－『선조실록』 선조 27년(1594) 6월 26일

아동 삼초군兒童三哨軍 김응운 등 5백여 인이 정장했는데…

－『광해군일기』 광해군 10년(1618) 6월 15일

1594년 훈련도감에서 어릴 때부터 기술을 교육하여 좋은 병사를 양성하고자 어린아이를 선발해 군대를 만들었는데, 이를 아동대兒童隊라 이름 붙였습니다.

아동대는 1618년에는 5백여 명이 될 정도로 늘어났는데, 『훈국등록』의 1643년 아동우초군 신해룡의 살인사건 심문기록을 보면 17세기 중반 아동군의 일반적인 나이는 20~30대 정도로 고령화 되었고, 모두 포수였음을 알 수 있습니다.

아동대는 17세기 사라지나, 군사들의 자식들을 군문에서 미리 일하게 하는 제도는 남아 아기수兒旗手라는 병종으로 이어졌습니다.

아기수는 명색은 기수이나 「화성행행반차도」를 보면 문서를 넣은 행장을 들거나 장교를 시중드는 등 군영의 사동 역할을 주로 하였던 것으로 보입니다.

아동군　　아기수

포수의 복장

"김 포수 부자가 모두 풀을 꿴 색옷穿草色衣을 입은 채 총을 끼고 서로 짝을 이루어 풀숲에 엎드렸습니다. 범이 계곡을 따라 천천히 걸어 내려오자 아버지가 먼저 총을 쏘았지요. 범이 포효하면서 총소리가 난 쪽으로 달려오며 두리번거리자 그 아들이 이어서 총을 쏘았습니다. 범이 다시 펄쩍 뛰어오르며 총소리가 난 쪽으로 내닫자 이번에는 아버지가 또 총을 쏘았습니다…"
- 『고운당필기』 제3권 / 털이 듬성듬성한 범[淺毛虎]

"중허리로 달아날 때 불 잘 놓는 포수 놈은 망아지 망태 푸지개의 귀약통 남날개와 조총을 들고 뒷목 잡아 내려올 때…"
- 『수륙문답 주봉전』

포수는 본래 총을 쏘는 군인을 이르는 말이었으나, 조선 후기에는 총을 쏘아 사냥을 하는 사냥꾼을 이를 때도 사용하였습니다.

사냥을 할 적에는 사냥감에게 탐지되지 않기 위해 몸을 가려야 하는 일이 잦으므로, 푸지개(청장靑帳)라는 풀이나 나무를 엮어 만든 장을 치거나, 풀을 꿴 색옷(천초색의穿草色衣)을 입어서 몸을 숨겼습니다. 개항기 김준근의 『포수사냥가고』와 같은 그림에서도 초록색과 청색, 갈색으로 된 바지저고리와 행전을 입어 몸을 숨기고자 한 포수의 모습을 확인할 수 있습니다.

푸지개나 풀을 꿴 색옷의 제도는 전하지 않으나, 단어의 의미상 푸지개는 몸을 덮을 수 있는 단순한 장帳, 도롱이 형태일 것이고 풀을 꿴 색옷은 풀색의 옷에 풀을 달아 맨 형태일 것입니다.

『포수사냥가고』 저고리

푸지개(추정)

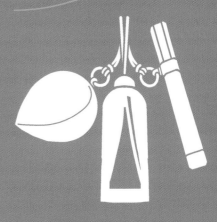

07 장신구 등

장신구의 종류

몸에는 흑린 문양의 협수의를 입고, 허리에는 남화주의 긴 전대를 매었으며, 좌우에는 수건手巾, 약낭藥囊, 연갑烟匣(담배합), 오동도 烏銅刀, 취두선聚頭扇을 찼다. 몸단장을 다 마치고서 거울을 들고 스스로를 비추어 보니, 벼슬도 없으면서 탕건을 쓰고, 군인도 아니 면서 군복을 입은 꼴이었다…

– 『수사록(1831)』 권4 / 문견잡지

중동 치레 볼작시면 우단 대단 도리불수(도류불수 문양) 온갖 줌 치(주머니) 묘하게 접어 나비매듭 벌매듭 파리매듭 도래매듭 색 색으로 꿰어차고 오색비단 괴불줌치 약랑 향랑 섞어 차고 이궁전 대방전과 금사향 자개향을 고름마다 걸어 차고 대모장도 서장도 며 밀화장도 백옥장도 안팎으로 비껴차고…

– 『한양가(1844)』

조선시대에는 주머니, 향낭, 향갑, 담배합, 표주박, 초혜집, 호패 등 다양한 목적으로 몸에 가까이 두는 장신구가 있었습니다. 장신구 중 장도와 주머니는 쓰일 곳이 많기 때문에 시대를 가리 지 않고 많이 찼으며, 군사들은 그릇용으로 표주박을 가지고 다 녔고, 필요에 따라서 신분 증명을 위한 패도 차고 다녔습니다.

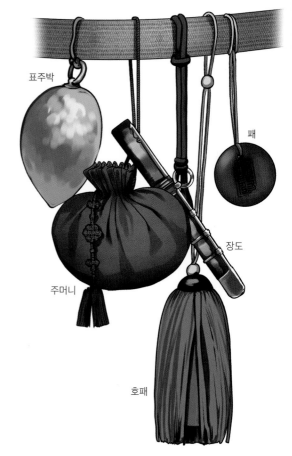

표주박

패

주머니

장도

호패

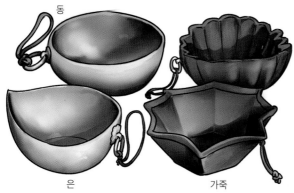

동

은

가죽

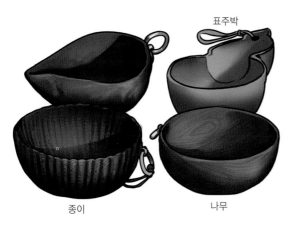

표주박

종이

나무

표주박

"군중에서 만들어 주는 철(동)로 된 표주박은 효과가 있는 가?"하니, 조문명이 아뢰기를,
"군대가 행진할 때 물을 보면 그때마다 마시는데 도리어 해 가 됩니다."하니, 상이 이르기를,
"이는 군중에서 중요한 물건이니 없어서는 안 될 것이다." 하니, 조문명이 아뢰기를,
"함원부원군 어유귀가 어영대장이었을 때 나무 표주박을 만들어 주었는데, 작년 출정할 때 다른 군대에는 밥을 받 을 그릇이 없었으나 어영청의 군졸만 나무 표주박의 도움 을 받았기에 돌아온 뒤에 신이 다시 만들어 주었습니다. 그 뒤 금위영 대장으로 옮겨 제수되었기에 유피油皮(기름 칠한 가죽)로 만들어 주었습니다. 그런데 전 훈련대장이 철 표주박을 만들어 주었으니 훈련도감의 군졸들은 전에 비하여 점점 사치스러워지고 지금은 군문에서 대부분 가 지고 있다 합니다."

– 『승정원일기』 영조 5년(1729) 8월 27일

조선시대 물을 마시거나 그릇으로 사용할 수 있는 간단한 용기로 표주박을 사용하였습니다.
표주박은 박을 쪼개어 만드는 것이 일반적이지만, 군문에 선 일반적으로 잘 부서지지 않는 가죽이나 동으로 된 표 주박을 사용하였고 은이나 종이, 나무로 된 표주박도 사 용하였습니다.

주머니

주머니는 각종 소지품을 휴대하기 위하여 사용하는 것입니다. 주머니는 모든 계층에서 사용되었으며, 비단이나 자수, 금박, 매듭 등으로 화려하게 장식하기도 하여 여러 가지 분류, 다양한 종류가 있었습니다.

형태적으로는 반원형으로 생긴 두루주머니와 네모진 형태에 아래 양쪽으로 귀가 나와있는 형태의 귀주머니 두 부류로 나눌 수 있습니다.

향낭과 향갑

조선시대에는 다양한 향을 방향, 정화, 방충 등의 목적으로 태우거나, 비치하거나, 휴대하였습니다. 향은 일반적으로 향낭香囊(향주머니)으로 휴대하였는데, 조선 후기에 들어서는 향을 갑에 담거나 구슬로 만들어 줄에 달아 만든 향노리개나 향선추도 사용하였습니다.[*]

향낭과 향노리개는 옷고름이나 허리띠에 달아 휴대하였으며, 향선추는 부채에 달아 사용하였습니다.

홍경주 초상 두루주머니

민속박물관 소장
귀주머니

체제공 초상 향선추

체제공 초상 향낭

향노리개

민속박물관 소장
담뱃갑

담뱃갑과 부시쌈지

담뱃갑煙草匣은 담뱃잎을 보관하기 위한 함입니다. 휴대용으로 사용하는 담뱃갑은 높이가 10cm 정도로 고리가 달려 있어 몸에 차거나 걸어두기 좋은 형태였습니다. 『임원경제지(1827)』에 따르면 조정 관리는 원형이나 사각형의 서랍이 달린 담뱃갑을 사용하였다 전하며, 서민들은 종이로 만든 주머니 형태의 담뱃갑을 사용하였다고 합니다.

부시쌈지는 부싯돌과 부시, 부싯깃을 담은 쌈지로, 불을 피우기 위한 도구를 모아 놓은 주머니입니다.

부시쌈지

부시

부싯돌

부싯깃

*이경희, 권영숙(2006), 우리나라 패식 향에 관한 연구,
한국의류산업학회지 제8권 제3호

초혜집

초혜집(초설抄舌)은 족집게, 귀이개와 이쑤시개 등을 담은 통으로 부채에 매다는 선추로 많이 사용되었습니다.

윤도

윤도는 오늘날의 나침반으로 매우 정밀하고 큰 것도 있지만, 작게 만들어서 차고 다니거나 선추로 가지고 다니기 편하도록 한 것이 많습니다. 일부 윤도는 해시계용 침을 달아 대강의 시간을 확인할 수 있도록 한 것도 있습니다.

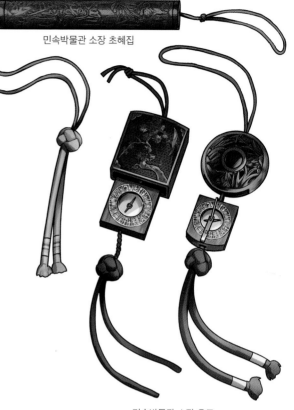

민속박물관 소장 초혜집

민속박물관 소장 윤도

장도

근년에 와서는 사서인들이 모두 가죽으로 허리띠 만들기를 좋아하매, 실띠 짜는 직업을 가진 사람이 거의 이익을 잃게 되고, 패도佩刀로 길고 큰 것을 다투어 숭상하여 심한 자는 거의 작은 환도環刀를 차게 되니, 장차 병혁兵革의 일이라도 있지나 않을까? 이는 매우 염려스러운 일이다.

- 『청강선생후청쇄어(16세기 말)』

장도粧刀는 일상생활이나 호신 등의 목적으로 차는 작은 칼입니다. 일상적으로 사용하는 물건이지만, 장식적인 용도로도 사용되어 금, 은, 동 등의 금속은 물론이고, 옥이나 호박, 비취, 산호 등의 보석, 대모나 서각, 어피 등으로 싼 장도도 있습니다.

홍경주 초상 장도

이삼 초상 대모장도

민속박물관 소장 은장도

민속박물관 소장 목장도

긴 장도

『청강선생후청쇄어』에서는 16세기 후반 환도 정도로 매우 긴 장도가 유행했다고 전하는데, 실제 일부 장도 유물은 환도 형태에 매우 긴 것도 있습니다.
그러한 긴 장도는 호신용이라는 성격에 더 방점을 맞춘 장도인 것으로 보입니다.

고궁박물관 소장 유리건판의 장도

안경과 안경집

안경

조선에서는 16세기 말부터 안경이 사용되기 시작하였습니다. 이때의 것으로 김성일(1538-1593)의 안경이 남아 있는데, 경첩이 있어 반으로 접을 수 있게 되어 있으며 끈다리 형식입니다.

『임하필기』에 따르면, 본래 안경의 제도는 안경 양측에 끈이 있어 이를 귀에 거는 끈다리 형식이었지만, 1810년 중국에서 반으로 꺾기는 꺾기다리의 학슬안경이 들어와 유행하였다고 합니다.

연수정 등 검은 안경알을 사용한 안경도 있는데, 수령이 판결을 내리거나 정무를 볼 때 시선을 가리기 위하여 사용하였다고도 합니다.

풍안경

조선 후기 사용된 이색적인 안경으로 풍안경이 있는데, 바람과 먼지로 눈이 상하는 것을 막기 위해 사용하는 일종의 보안경입니다. 이 풍안경은 사행이나 산행 등을 할 때 사용하였습니다. 『만기요람(1808)』에 따르면 금위영의 군기로 530면의 풍안경이 보관되어 있어, 군사 용도로도 사용되었을 가능성이 있습니다.

『임원경제지(1827)』에 따르면 풍안경은 크기가 0.1척(3cm) 되는 사각형 유리 두 알을 검은 비단으로 감싼 형태이며 띠를 머리 뒤로 둘러서 묶어 착용한다고 합니다.

안경집

안경을 사용하지 않을 때 휴대하기 위해 안경집을 사용하는데, 어피나 대모 등 다양한 종류가 있습니다.

초기의 것인 김성일의 안경집은 차고 다니는 것을 고려한 형태가 아니지만, 조선 후기 대부분의 안경집은 차고 다닐 수 있도록 끈이 달려 있습니다.

김성일의 안경

학슬안경

풍안경

김성일의 안경집

민속박물관 소장 안경집

호패의 변천

조선 최초의 호패법은 1413년(태종 13년) 시행하였다가 1416년 (태종 16년) 폐지되었으며, 1459년(세조 5년) 다시 시행됩니다. 세조 때에는 강력하게 시행되었으나, 1469년(성종 1년) 양인과 천인의 숫자를 충분히 파악하였다는 점을 이유로 폐지합니다. 조선 초기 호패는 현전하는 것이 없는데, 『호패사목(1458)』에 의 하면 당상관은 상아, 당하관과 관직자의 자제 등은 산유자 나무, 양인 등은 잡목으로 된 패를 사용하였다고 합니다.

1413년 호패 (상원하방형)	1458년 상아패 (방형)	1458년 산유자패 (방형)	1458년 잡목패 (방형)

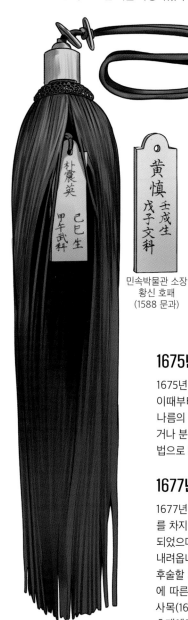

민속박물관 소장
박진영 호패(1594 무과)

민속박물관 소장
황신 호패
(1588 문과)

민속박물관 소장
정의호 호패
(1626 발급)

17세기 초반의 호패

임진왜란 이후 민정의 숫자를 파악하고 군사를 충원하기 위하 여 호패법이 다시 논의되기 시작합니다. 그리하여 1610년(광해 2년) 호패도감을 설치하고 호패법을 시행하고자 하였으나 시행 연기를 거듭하다 1612년(광해 4년) 폐지되었습니다. 1625년(인 조 3년) 다시 호패청을 설치하고 이듬해 호패법을 시행하였으나, 1627년 정묘호란 이후 다시 시행하지 않았습니다.*

17세기 초 호패의 형태는 일반적으로 길이 8~10cm 사이의 직사각 형 형태에 동그란 고리가 반쯤 튀어나온 모양입니다. 또 호패술이 풍성하여 호패 길이의 몇 배로 길게 내려오는 것이 특징입니다.

1675년의 지패

1675년 지패법이 실시되어 지패가 발급됩니다. 이때부터 오가작통법과 연계되어 실시되었고, 나름의 성공을 거둡니다. 그러나 지패의 마모되 거나 분실되기 쉽다는 단점 때문에 1677년 호패 법으로 대체됩니다.

1677년 이후의 호패

1677년 실시된 호패법은 역이 없는 자는 호패 를 차지 않아도 되는 등 이전보다 유연하게 적용 되었으며, 큰 변화 없이 19세기 후반까지 이어져 내려옵니다.

후술할 계급별 호패의 분류는 『호패사목(1677)』 에 따른 법식인데, 내용상 인조대 실시한 『호패 사목(1626)』과 큰 차이가 없어 앞의 17세기 초반 호패에도 적용 가능합니다.

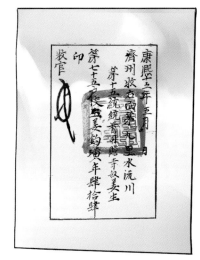

제주교육박물관 소장 지패
(1676 발급)

---

*설현지(2021), 17세기 전반 호패법 시행 과정 연구, 대구사학 144권, 175~212

계급별 호패

아패와 각패

2품 이상 관료들은 상아로 된 아패를 사용했고, 3품 이하 관료들은 뿔로 된 각패를 사용하였습니다. 아패와 각패에는 성명, 출생, 합격연도를 적는데, 가설직이나 잡류의 낮은 관직자는 이름 앞에 소속을 적었습니다. 문관은 붉은색, 무관은 청색, 음관(음서로 임용된 관리)은 황색, 잡직은 백색으로 글을 써 구분하였습니다.

황양목방패와 소목방패

생원, 진사는 황양목방패를 사용하는데, 성명과 출생, 합격연도를 적습니다.
유학과 무학 등의 학생, 공을 세워 관직을 받은 자, 서리, 향리, 금군 등 신분이 양인보다 높은 자는 소목방패를 사용합니다.
소목방패에는 직역, 성명, 출생년도, 입속(소속)연도를 적습니다.
소목방패 유물에서는 호패술 대신 가죽이나 천으로 된 집을 만들어 가리는 것이 많습니다.

국립중앙박물관 소장
김희 아패(1773 문과)

국립중앙박물관 소장
시위별파진 김희 각패
(갑자년 발행)

대목방패

역이 있는 양인은 대목방패를 사용하는데, 직역, 성명, 출생연도, 입속연도, 신장, 용모를 적습니다. 역이 없는 경우는 차지 않아도 무방하나 발급받는 경우 직역에 한량閑良으로 쓰거나, 천인의 경우 관아나 주인의 이름을 적습니다.
유물 중에서는 신장과 용모를 기재한 경우가 많지 않고 주소를 기재하는 경우가 많습니다.

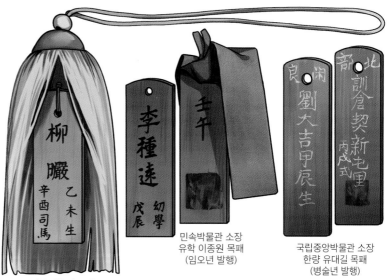

민속박물관 소장
진사 류엄 황양목패
(1801 발행)

민속박물관 소장
유학 이종원 목패
(임오년 발행)

국립중앙박물관 소장
한량 유대길 목패
(병술년 발행)

호패의 형상

『호패사목(1677)』에 의하면 아패와 각패의 크기는 2촌(6cm)×7푼(2.8cm), 황양목방패의 크기는 2촌(6cm)×1촌(3cm), 목방패의 크기는 2촌 5푼(7.5cm)×1촌 5푼(4.5cm)입니다.
실제 유물은 그보다 약간 크며 후대로 갈수록 보다 길쭉해지는 경향을 볼 수 있습니다.

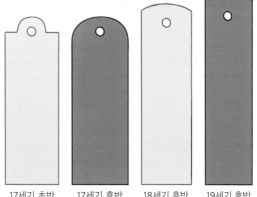

17세기 초반   17세기 후반   18세기 후반   19세기 후반

장표의 변천

15세기의 장표

"강무講武로 거둥할 때에 호종하는 3품 이하의 군사 및 각 사람들에게는 모두 표장標章을 주되…(중략)…세 가지의 표장은 모두 주포紬布로 꿰매어 네모진 표장을 만들되, 길이는 4치 5푼, 넓이는 3치로 하고, 각각 위호衛號를 쓰고 전서篆書로 '병조兵曹' 두 글자의 도장을 만들어 표에 찍고…"

- 『세종실록』 세종 12년(1430) 4월 22일

"5위의 무리는 다 가슴과 배 사이에 길이 6촌寸 너비 4촌의 장표章標를 붙이는 데, [포백척布帛尺의 치수를 쓴다.] 각각 제 위衛의 색色을 좇는다…"

- 『문종실록』 문종 1년(1451) 6월 19일 신진법

"구례에 의하여 군사는 모두 장표章標를 붙이고, 각각 위·부衛部와 직명職名、성명姓名을 써서 검거檢擧하는 데 편하게 하소서…"

- 『세조실록』 세조 8년(1462) 6월 11일

오위의 장표(추정)

장표章標는 몸에 붙이는 표식으로, 군사의 신분을 증명하거나 전장에서 피아를 식별하기 위해 사용하였습니다. 장표에는 성명, 소속부대와 같은 기본 정보가 기재되었습니다.

1430년에 정한 장표 제도에는, 강무로 거둥할 때 3품 이하의 군사에게 장표를 붙이도록 하였습니다. 장표의 길이는 4촌 5푼(21cm), 너비는 3촌(14cm)으로 붉은색, 푸른색, 흰색 3가지 색이 있었습니다. 사금, 삼군 진무, 내금위 등은 붉은 장표를 가슴에, 중군 소속은 붉은 표장을 등에, 좌군 소속은 푸른 표장을 왼쪽 어깨에, 우군 소속은 흰 표장을 오른쪽 어깨에 붙이는 것이 규례였습니다.

군사제도가 삼군에서 오위로 개편된 이후에 만들어진 『신진법(1451)』에서는 변화된 장표 제도가 기재되어 있는데, 오위 소속은 가슴과 배 사이에 장표를 붙이며, 길이는 6촌(28cm), 너비는 4촌(19cm)이고, 색은 5위의 방위색을 따른다고 하였습니다.

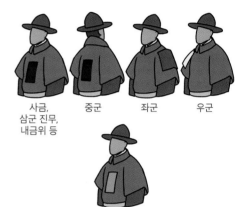

사금,
삼군 진무,
내금위 등

중군

좌군

우군

오위(1451~)

신해북정 때의 장표

신해북정 장표(추정)

장표章標가 없으면 분별하여 알아보기가 어려울 것이니, 비단을 끊어서 모차사원某差使員이 거느린 모도某道 모읍某邑에 거주하는 모군사某軍士인 모某라고 써서 가슴에 붙이고, 또 두구頭具에 있어서도 모두 초기肖旗를 꽂도록 하소서.

- 『성종실록』 성종 22년(1491) 5월 4일

1491년 신해북정 때 징병한 지방의 군사들에게 나누어준 장표는 소속부대 대신 지휘관과 주소를 적었습니다.

의병들의 장표

임진왜란(1592) 때에도 장표는 사용되었는데, 『난중잡록』에는 의병들의 다양한 장표가 실려 있습니다. 의병들의 장표는 단순하게 한두 글자나 그림으로 만들어졌는데, 인적사항을 적었는지 여부는 불명입니다.

『난중잡록』에 따르면 화순부사 최경회는 골鶻 자로 장표를 만들었고, 전 현감 임계영은 호虎 자로 장표를 만들었는데, 범을 그려 만들다가 나중에는 도장을 만들었다고 합니다. 전 주부 민여운은 웅熊 자, 노상老相 심수경은 건의健義 자, 전 첨정 심우신은 의義 자, 전 제독 화순 최경장은 계의繼義 자로 장표를 삼았습니다.

골(鶻, 매)

호(虎, 호랑이)

웅(熊, 곰)

의(義)

건의(建義)

계의(繼義)

기효신서의 요패

영초 기총하 대장	하제 명수 계	현 도 도인주 년	세면 신장 척	촌력 백 근파기 년 월 일급

요패의 변천

기효신서 요패

대장·기총 이하의 군인은 역시 『기효신서』의 요패腰牌의 규정대로 각자 패를 차게 하여 서로 식별하도록 해서 혼란함이 없도록 하는 것이 어떻겠습니까?

- 『선조실록』 선조 27년(1594) 10월 21일

○○영 ○○초 ○○기총하 ○○대장하 제○명 ○○수 ○○계 ○○○(소속, 이름)/○○현 ○○도 도인주○○(주소)/년○○세(나이)/면○○(용모)/신장 ○척○촌(신장)/력○백○○근(힘)/파기○○처(흉터)/년 월 일급(지급연도)

- 『기효신서』 요패 기재 내용

임진왜란 중 척계광의 『기효신서(1560)』에 따른 군제를 받아들인 조선은 기효신서에 실린 요패 제도도 빠르게 시행합니다. 소속, 이름, 주소, 나이, 신체 특징 등이 실린 요패는 간첩을 방지하며 병역 자원을 확보하기 위하여 지급되었고 군사들은 항상 차고 다녀야 했습니다.

훈련별대 요패

"신이 일전에 감군監軍에 차하差下되어 어영청의 군졸을 잡아 군호軍號를 외우게 했는데 알지 못했고 요패腰牌도 차고 있지 않았습니다. 때문에 법조法曹에 이송하여 법대로 감단勘斷하게 하였는데…"

- 『일성록』 정조 6년(1782) 5월 24일

훈련별대 우부전사좌초 2기1대1량(소속)/박의익(이름)/년 34(나이)/부 이득계(부친)/순천주 소라(주소)/장 4척2촌(신장)/면 철염소파 우수 5지(용모)/력100(힘)/강희12년(1673) 10월일(지급연도)/뒷면−순청(발행기관)/경술(1670)정(제작연도?)

- 훈련별대 요패 기재 내용

국립 민속박물관에는 17세기 후반 훈련도감의 번상병 부대인 훈련별대 요패가 '군역패'란 이름으로 소장되어 있습니다. 전체적으로 기효신서의 요패 제식에 가깝고, 뒷면에는 발행기관과 제작연도도 기재되었습니다.

훈련도감 외에도 번상병으로 구성된 금위영이나 어영청의 군사들도 이와 유사한 요패를 지급받았을 것입니다. 『장용영대절목』에서는 장용영의 요패 제식도 서술하고 있는데, 전체적으로 다른 군영과 대동소이하나 위는 둥글고 아래는 각진 형태이며, 낙인 3개를 찍어 차이를 두었다고 합니다.

장용영 요패(추정)

민속박물관 소장
훈련별대 요패

훈우 련부	○전	별 사	대초	대	별좌	사우 수	전이 익	○년 척	련삼 익 십	부사	우부 이	이득	일계	대순	일천	량주	박소	의라	강 희 십 이 년 십 월 일

총리영 요패

육군박물관 소장
총리영 요패

총 군사 김	영 리 삼 수	수 윤 년	계 수원주	북 부 정 묘 정

총리영 군사 김수윤(소속, 이름)/년 32(나이)/계 수원주(주소)/뒷면−북부 정묘(1807)정

- 총리영 요패 기재 내용

육군박물관에는 19세기 존재했던 군영인 총리영의 요패가 소장되어 있습니다. 보다 간단한 형식으로 기재 내용도 적고 크기도 10×7cm 내외인 민속박물관의 요패와 비교하면 7×5.5cm 정도로 작은데, 총리영의 축소된 재정상황과 중요성이 반영된 것이 아닌가 싶습니다.

각종 패

조선시대엔 호패나 장표 외에도 신원을 확인하기 위해 여러 가지 부, 표신, 패 등이 발급되었습니다. 부符는 일반적으로 패를 반으로 갈라 만드는 증표로, 맞추어 보아 신원을 증명하는 것이며, 표신標信과 패牌는 일반적인 패입니다.

발병부

발병부發兵符(병부兵符)는 유사시 지방의 병력을 동원할 때 사용하는 패입니다. 1400년 사병私兵을 혁파하고 모든 군사를 공병公兵으로 삼았는데, 이 개혁의 일환으로 1403년 도입되었습니다. 이 시기에 제작된 각 도 발병호부發兵虎符는 나무로 제작하고 호랑이를 가운데에 새겼으며 '음양' 두 글자를 좌우에 새겼습니다.

『경국대전(1484)』이 편찬된 시점 전후로 후대의 양식과 유사한 양식의 병부가 사용된 것으로 보입니다.

오른쪽 편은 관찰사, 절도사, 여러 진의 장에게 나누어 주고, 왼쪽 편은 대내(궁궐)에 보관하여 병사를 징발할 때는 좌부와 함께 교서를 내리고 확인한 후에 병사를 징발하도록 하였습니다. 조선 후기엔 남한산성, 북한산성의 수어사, 총융사에게도 나누어 주었습니다.*

발병호부

발병부 전면

발병부 후면

명소부 전면

밀부 전면

밀부 후면

명소부

명소부命召符(명소命召)는 기밀에 속하는 중대한 일을 논의하고자 대신들을 불러들일 때 사용하는 패입니다.

오른쪽 편은 삼대신, 좌포도대장, 우포도대장, 삼군문의 대장, 병조판서, 겸 병조판서에게 나누어 주고 왼쪽 편은 대내에 보관하였습니다.

밀부

밀부密符는 지방에서 병력을 동원할 일이나 기밀에 속하는 일 등에 사용하는 패입니다.

관찰사, 통제사, 수어사, 총융사, 유수, 절도사, 방어사 등에게 나누어 주고, 왼쪽 편은 대내에 보관하였습니다. 병사를 징발할 때는 좌부와 함께 교서를 내리고 확인한 후에 병사를 징발하도록 하였습니다.

병부주머니

병부, 명소, 밀부 등의 반으로 나누어진 부는 항상 휴대하여야 하는 중요하고 비밀스러운 물건입니다. 그래서 따로 병부갑과 병부주머니를 사용하여 휴대합니다.

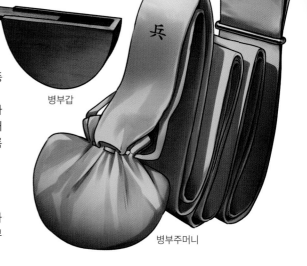

병부갑

병부주머니

선전표신 전면

선전표신 후면

선전표신, 휘지표신, 내지표신

선전표신宣傳標信은 군사에 관계되는 긴급한 일을 알릴 때 선전관 등이 휴대하여 신분을 증명하는 표신입니다.

왕이 자리를 비웠을 때 왕세자가 사용하는 것은 휘지표신徽旨標信, 왕비가 사용하는 것은 내지표신內旨標信이라 하였습니다. 늦어도 1455년경에는 그 제도가 시작되었습니다.

전면에는 '선전' 자와 일련번호를 붉은색으로 쓰며 낙인을 찍고, 후면에는 붉은색으로 어압을 새깁니다.

휘지, 내지표신 전면

휘지, 내지표신 후면

문안표신

문안표신問安標信(문안패問安牌)은 각 전과 각 궁에 문안을 드릴 때 사용하는 패입니다. 늦어도 16세기 말부터 제도가 시행되었습니다.

전면에는 '문안' 자를 붉은색으로 쓰며 낙인을 찍고, 후면에는 붉은색으로 어압을 새깁니다.

문안표신 전면

문안표신 후면

지표신

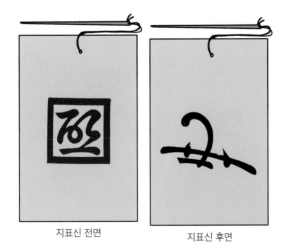

지표신紙標信은 조선 후기에 사용된 유사시 표신이 부족할 때 사용하기 위하여 만든 종이 표신입니다. 『보인부신총수』의 기록에 따르면, 나무 바늘에 자주색 실을 꿰어 옷깃에 달아 사용하였으며, 평상시는 묶음으로 보관하고 있다가 대량으로 표신이 필요할 때 도장을 찍어 나누어 주는 식으로 사용한 것으로 보입니다.

민속박물관에도 한 묶음의 지표신이 소장되어 있는데, 『보인부신총수』의 기록과는 달리 쇠 바늘이 달려 있습니다. 그 외에는 기록과 유사한 형태를 하고 있습니다.

지표신 전면

지표신 후면

*조선 초기의 것을 제외한 부, 표신, 패는 모두 『보인부신총수』를 참고하여 서술하였음.

개문표신, 폐문표신, 부험

비옵건대 원목부圓木符 10부副를 제조하여 '신부信符' 2자를 전자篆字로 새기고 이를 한가운데로 나누어 부마다 감합勘合하는 예에 의하여 자호를 새겨서, …어명을 받은 자가 좌우를 받아서 이르면 그 우부와 감합하여 신부를 증험하여 문을 열어 들이게 하고, 중궁의 명命을 받아 좌부左符를 받고 나가면 본조의 입직 낭청에서 말을 주어 전송傳送하는데, 성문에 모여 지키는 인원은 전의 부符를 감합하는 예에 의하여 문을 열고 내보낸다면, 거의 임금의 명령이 지체되지 않고 성문城門의 금절禁節도 엄해질 것입니다.

- 『태종실록』 태종 18년(1418) 1월 13일

문을 열 때가 아닌데 도성문을 열 경우에는 대내大內에서 개문좌부開門左符를 내려준다. 모양은 원형圓形이다. 한 면面에는 신부信符라고 전자篆字로 써서 그리고, 다른 면에는 신부信符라고 전자로 써서 압인押印하였다. 중간을 나누어 호군護軍과 오원五員이 우부右符를 받되, 교대할 때에 병조에서 받았다가 반납한다.
궁성문宮城門은 표신標信을 사용하여 개폐한다. 개문표신開門標信은 모양이 방형方形이다. 한 면에는 개문開門이라 쓰고, 다른 면面에는 어압御押을 새겼다. 폐문표신閉門標信도 같되, 다만 한 면에 폐문閉門이라고 쓴다. ○ 긴급할 때에는 도성문都城門에도 통용한다.

- 『경국대전(1484)』

개문표신開門標信, 폐문표신閉門標信, 부험符驗(개문부開門符)은 야간에 궁궐과 도성의 문이 폐문했을 때 문을 열고 닫기 위해 사용하는 부신입니다.
개문표신과 폐문표신은 방형의 상아 패로 궁궐의 문을 열고 닫을 때 사용하고, 부험은 나무로 된 원형의 패를 반으로 갈라 한쪽은 도성문에, 한쪽은 대내에 두어 급한 일이 있을 때 나누어 주도록 했습니다.
1418년 원목부, 즉 개문부를 처음으로 만들어 도성의 문을 여는 부신의 제도가 시작되었고, 궁궐의 문을 여는 데 사용하는 개문표신, 폐문표신도 늦어도 『경국대전(1484)』의 편찬 시에는 실시하고 있었던 것으로 보입니다. 조선 후기엔 개문부를 부험이라고 불렀고, 1경(2시간) 단위로 제작되어 다음 경의 부험까지 2개씩 휴대하는 것이 규례였습니다.

개문표신 전면

폐문표신 전면

개, 폐문표신 후면

부험 전면

흥인문 부험 후면

혜화문 부험 후면

숭례문 부험 후면

돈의문 부험 후면

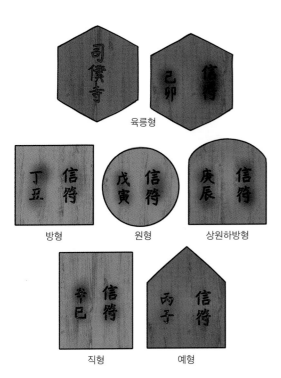

육릉형

丁丑 信符 戊寅 信符 庚辰 信符

방형   원형   상원하방형

辛巳 信符 丙子 信符

직형   예형

신부

병조에서 계하기를,

"신부信符의 체제를 일찍이 후한後漢의 고사故事에 의하여 나무 2촌寸을 사용하여, 위는 둥글게 하고 아래는 모지게 하여, '신부信符' 두 글자를 낙인烙印으로 찍어, 수년이 지나도록 그 체제를 달리하지 않기 때문에, …오는 정미년부터는 해마다 그 모양을 달리하여, 한 면面의 위에는 '신부' 두 글자를 낙인해 찍고, 아래에는 그 해의 천간天干의 글자를 낙인해 찍으며, 또 한 면에는 소속 관명官名을 깊이 새기되, '신부' 두 글자는 인전印篆을 쓰고, 천간의 자체字體는 대전大篆을 써서, 오는 정미년에는 그 형체를 모지게 하여 '정'丁자를 낙인해 찍고, 다음 해에는 형체를 둥글게 하여 '무'戊자를 낙인해 찍고, 또 다음해에는 육릉六稜으로 하여 '기'己자를 낙인해 찍고, 또 다음 해에는 위는 둥글게 하고, 아래는 모지게 하여 '경'庚자를 낙인해 찍게 하여, 이 네 가지 모양을 두루 다 쓰고는 다시 또 시작하되, 고쳐서 줄 때에는 옛 신부를 회수하여 불태운 뒤에 새 신부를 주도록 하소서."

- 『세종실록』 세종 12년(1430) 4월 22일

신부信符는 각종 하례, 관리의 수행원들이 궐문에 들어갈 때 사용하는 패입니다.

신부의 형태

초기엔 나무 2촌의 상원하방형 패를 사용하다가, 1426년에 방형, 원형, 육릉형, 상원하방형을 매년 바꾸어 쓰도록 하였고, 1484년 경국대전 이후로는 방형, 원형, 곡형, 직형, 예형의 5가지 형태를 매년 바꾸어 사용하였습니다.

조선 후기에는 한 면은 그해의 간지를 전자로 낙인하고 뒷면에는 소속처와 직책을 새기도록 하였습니다. 사모각대를 하는 경우는 안 차도 되며 여자의 것은 한부漢符라고 하였습니다.

통부

통부通符(통행표신通行標信)는 야간 통행금지 시간에 급히 통행할 일이 있을 때 사용하는 표신입니다. 본래 통행표신이라 하였다가, 1493년 분실 사건 이후 다시 만들면서 통부로 이름이 바뀝니다. 의금부, 이조, 병조, 형조, 한성부, 오부의 입직(당직)하는 낭청과 포도청의 종사관이 사용합니다.

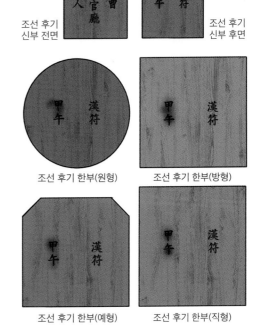

조선 후기 신부 전면   조선 후기 신부 후면

조선 후기 한부(원형)   조선 후기 한부(방형)

조선 후기 한부(예형)   조선 후기 한부(직형)

통부의 형태

조선 초기의 통행표신은 한쪽엔 '통행通行' 자를 쓰고, 한쪽엔 '통행通行'자를 낙인한 간단한 형태였습니다.

조선 후기의 통부는 한쪽에 '통부通符' 낙인과 발행 년, 월, 일을 썼고, 반대쪽엔 '1천一天', '5지五地' 식의 일련번호를 새겨 더 정교한 형식을 하고 있습니다.

통부 전면   통부 후면

적간표신

1. 본조本曹와 도진무소都鎭撫所 내외內外 군사를 적간摘姦할 때는 적간패摘姦牌를 사용하되, 본조本曹에는 총합해 통솔하고 도진무소都鎭撫所에는 나누어 통솔하소서.
　　　　　　　　　　　- 『세조실록』 세조 5년(1459) 8월 15일

적간표신摘姦標信(적간패摘姦牌)은 1459년 병조에서 입직한 장수와 군사의 숙위 절차를 개정할 때, 병조와 도진무소(도총부)에서 궁궐 안팎의 군사들을 적간(점검)할 때 사용하도록 만들어졌습니다.

적간표신 전면

적간표신 후면

위장패 후면 　　　　위장패 전면

부장패 후면 　　　　부장패 전면

위장패, 부장패

위장패衛將牌와 부장패部將牌는 각각 궁궐을 호위하는 위장과 부장이 정해진 시간에 순찰을 돌 때 사용하도록 한 패입니다.
이 패들은 조선 초기부터 사용되었습니다.

순장패 후면

순장패 전면

순장패, 감군패

순장패巡將牌와 감군패監軍牌는 야간에 도성의 순찰 상태를 점검하기 위해 임시직으로 임명하는 순장과 감군이 휴대하고 다니는 패입니다.
이 패 역시 조선 초기부터 사용되었습니다.

감군패 후면 　　　　감군패 전면

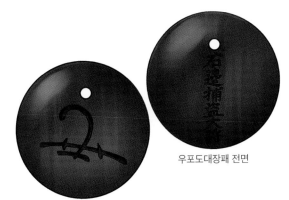

포도대장패 후면

우포도대장패 전면

대장패

이진순이 궤를 열어 명소를 살펴본 뒤에 들어서 상께 보인 다음 지니고 있던 포도대장패와 함께 이삼에게 전해 주니, 이삼이 두 손으로 받든 다음 소매 속에 넣었다. 상이 이르기를,
"그냥 이 자리에서 차고 나가라."하니, 이삼이 명소와 대장패를 자세히 살핀 후 관디에 찬 다음…
- 『승정원일기』 영조 즉위년(1724) 11월 13일

대장패는 좌우 포도대장에게 각각 하나씩 나누어 주는데, 대장패는 포도청 외 다른 기관에는 없었습니다.
대장패는 포도대장이 항상 차고 다니도록 하였습니다.

전령패

전령패는 소식을 전할 때 신원 증명을 목적으로 사용합니다. 전령패는 군영에서 만들어진 것이 여러 가지 남아 있습니다.
보통 전면에는 전령 자와 수결(서명), 후면에는 군영명이 적혀 있습니다.

마패

마패는 역참에서 보유한 말을 부릴 때 사용하는 패인데, 왕명王命을 봉행하는 자와 역마를 타야 하는 자가 사용합니다.
본래는 나무로 만들었다가 1434년부터 동으로 된 마패를 사용하였습니다.
전면에는 빌릴 수 있는 말의 숫자가 그려져 있고, 후면에는 발행기관과 발행 년, 월, 일, 인장이 그려져 있습니다.

친군경리사
전령패 후면

친군경리사
전령패 전면

총리사
전령패 전면

총리사
전령패 후면

목마패

궁궐에서 사복시의 짐말 등을 부릴 때 사용하는 마패입니다.
단순한 업무를 위한 패이기에 일반 마패와 달리 간단한 만듦새로 만들어졌고, 종이로 된 지마패도 존재했었습니다.

마패 전면

마패 후면

목마패 전면

잠화

호조에 전지傳旨하기를,
"무릇 연향宴享할 때에 진상進上하는 잠화簪花 외에는 모두 지화紙花를 사용하게 하라."하였다.

-『세조실록』 세조 7년(1461) 4월 1일

사알을 통해 구전으로 하교하기를,
"진작進爵할 때 소용되는 어잠화御簪花 1쌍, 머리에 꽂는 삼지화三枝花 150개, 이지화二枝花 800개, 정재呈才할 여령女伶이 머리에 꽂는 사지화四枝花 250개를 만들라고 진작소에 분부하라."하였다.

-『승정원일기』 고종 10년(1873) 3월 25일

잠화簪花는 조선시대 연회 등에서 머리에 꽂는 꽃 장식입니다. 일반적으로 비단과 종이 등으로 만든 조화가 사용되었습니다.

잠화 제도는 조선 초기부터 사용된 것을 확인할 수 있지만, 연회 시에 관리와 악공들을 중심으로 사용되었고, 수천~만여 개씩 만들어서 연회에 참여한 호위군사 등 모든 구성원에게 꽂도록 한 것은 18세기부터로 보입니다.
『원행을묘정리의궤(1795)』에는 왕실에서 사용하는 각종 잠화의 제도가 체계적으로 정리되어 있습니다. 왕을 위한 잠화로 어잠사권화御簪絲圈花가 있는데, 왕 뿐만 아니라 왕실 주요 구성원이 사용했습니다.

백관은 2개 달린 홍도별간화紅桃別間花를 꽂았는데, 19세기 『기축진찬의궤(1829)』에는 더 화려해진 나비가 달린 홍도이지화紅桃二枝花를 꽂게 되었습니다.* 고종대에는 삼지화와 이지화 2종을 사용하는 등 시기와 연회에 따라 다양한 잠화가 사용되었습니다.

잠화 꽂는법

잠화는 꽂는 사람 기준 왼쪽에 꽂는 것이 법식인데, 사모의 경우 왼쪽에 화공花孔이라 부르는 철사로 만든 작은 고리가 2개 달립니다.

갓의 경우 호수나 깃털을 달기 위한 입식을 사용하거나, 사모와 유사하게 철사로 고리를 만들어 착용하였을 것입니다. 『무자진작의궤(1827)』의 금화칠립 도식에서 고리 2개를 통하여 잠화를 꽂은 것을 확인할 수 있습니다.

전립의 경우에는 입식이 따로 없으니 고리를 달아 꽂았을 가능성이 높습니다.

어잠화

홍도삼지화

홍도이지화

홍도간화

잠화 꽂은 갓

잠화 꽂은 전립

잠화 꽂은 사모

*이경희, 김영선(2023), 1795년 봉수당 진찬(奉壽堂進饌)으로 보는 조선 후기 채화(綵花) 고찰, 문화재 Vol.56, No.1

⑧

부록

武備

태조의 융복

상이 이르기를,

"옛날 입자笠子는 아주 컸다. 순조께서 쓰시던 입자가 아직
도 보관되어 있는데, 그 제도가 과연 커서 모帽가 길고 뾰
족하다."하니, 이유원이 아뢰기를,
"함흥본궁에는 태조 대왕太祖大王께서 쓰시던 입자가 있
는데, 그 제도가 아주 큽니다. 신이 함경 감사로 있을 때 받
들어 구경하였는데, 도승지 역시 그때 북평사北評事로
있으면서 와서 보았습니다."하자, 이회정이 아뢰기를,
"신이 평사評事로 있으면서 내려가 본궁을 봉심할
때에 그 제도와 모양을 보았는데, 과연 매우 넓고 컸
습니다."하니, 상이 이르기를,
"헌종憲宗 때의 입자 제도도 지금에 비해 약간 컸다."
하자, 이유원이 아뢰기를,
"그때부터 조금씩 적어졌던 것입니다."
                    - 『승정원일기』 고종 11년(1874) 1월 29일

태조 이성계(1335~1408)는 조선의 창업군주로써, 제위
에 있기 전부터 여러 전장을 누비던 장수였습니다. 제위
에 오른 후에도 사냥이나 군사업무를 볼 때에 융복을 입
었을 것입니다.
「태조 어진(14세기 말)」에는 곤룡포에 붉은색 철릭을 받
쳐 입은 것을 확인할 수 있는데, 융복 차림일 때도 붉은
철릭을 입었을 것으로 추정하여 그렸습니다.
갓에 대해서는 함흥본궁에 전해 내려온 태조의 갓 양태가
유리건판 사진으로 남아 있으나, 군사적인 성격이 강한
융복 차림에서는 전립을 사용하지 않았을까 싶어 전립으
로 그려 주었습니다.

홍철릭(추정)

태조 갓

세종의 금갑

임금이 동교東郊에서 크게 사열査閱하였는데, 문무 군신들이 갑주甲冑를 갖추고 시종하였다. 임금이 금갑金甲을 입고 단 위에 나아가니, 백관이 갑주를 갖춘 그대로 사배하고 나서 좌우로 나누어 서니, 오소五所의 장졸들이 각기 그 열에서 역시 각 유사와 함께 일시에 사배하였다.
— 『세종실록』 세종 6년(1424) 9월 24일

안로가 아뢰기를,
"대열을 하지 않은 지가 오래되었습니다. 그리하여 병조가 상고하기가 어렵고 조정에서도 모릅니다. 그런데 마침 세종조의 고사가 있으니 거기에 의거해서 하면 됩니다. 그 의주에 '백관은 갑주를 갖추고 전하께서는 금갑金甲을 착용하고 소차에서 출발하여 대차에 들어간다.'고 하였으니, 백관은 모두 갑주를 갖추고 상께서는 그곳에 거의 도착하여 착용하시면 되겠습니다. 세종조의 일은 당나라 초기의 고사를 본받아 한 것이지만, 우리 실정에 알맞게 취사 선택한 것으로 매우 잘 구비되었습니다…"
— 『중종실록』 중종 31년(1536) 8월 8일

세종(1397~1450)은 훈민정음 반포가 대표적인 업적으로 꼽히지만, 『세종실록 오례』 등 각종 전례서를 만들어 조선 초기 국가의 기틀을 다진 왕이기도 합니다.
그 중 군사에 관계된 것으로는 열병식인 대열의가 가장 성대하고 중요한 의식인데, 대열의를 할 때 국왕의 복장은 시기별로 달라 금갑金甲, 즉 금으로 도금한 갑옷을 입기도 하였고, 상복을 입기도 하였습니다. 국왕이 금갑을 입으면 신하도 갑주를 입었고, 국왕이 상복을 입으면 신하도 상복을 입었습니다. 물론 군사들은 금갑을 입든 상복을 입든 갑주 차림을 하여야 했습니다.*
그림은 1424년 대열의의 금갑을 입은 세종을 그리고자 했습니다. 금갑에 대해서는 『악학궤범』에 그려진 황화갑을 참고하였는데, 황화갑은 황색 명주로 만들고, 그림으로 미늘을 그려 넣은 찰갑 형태로, 포두와 어깨의 천, 구슬 장식 등도 그려졌습니다. 세종조의 회례연에서 사용하는 갑옷으로 서술되어 있어 시기도 합치합니다.

금투구

호항

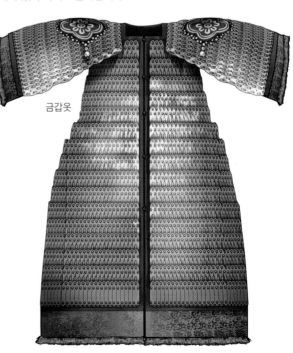

금갑옷

---

*박가영(2013), 『국조오례의』에 나타난 군례 복식, 아시아 民族造形學報 第12輯, 82~101

선조의 융복

예조가 아뢰기를,

"우리나라 우립羽笠의 제도를 중국 사람이 몹시 비웃습니다. 대개 깃을 꽂는 것은 오랑캐 풍속에서 나온 것으로 중국 사람들은 조례皂隷와 천역賤役들만이 전립氈笠 위에 깃 한 개를 꽂을 뿐입니다. 그리고 중국 사람들은 전쟁에 나아갈 때에만 소매가 좁은 옷을 입고, 그 외에는 비록 융복戎服일지라도 옷소매에 일정한 제도가 있어 너무 좁게 하지 않습니다. 더구나 상께서 입으신 융복은 바로 중국에서 말하는 괘자掛子입니다. 이 옷은 오직 잡역雜役들이 입는 것인데 상께서 입으시니 지극히 미안스럽습니다. 내일 성을 순행하실 때에는 깃을 꽂지 마시고, 또한 우리나라 철릭을 입어 이 뒤로부터는 상규常規로 삼으소서."하니, 전교하기를,

"백 리만 가도 풍속이 다른 법인데 깃을 꽂는 제도의 유래가 이미 오래 되었으니 고칠 필요가 없다. 비웃더라도 상관없다. 그리고 중국 사람들이 언제나 우리나라의 넓은 도포와 큰 소매를 비웃어 전후에 걸쳐 책망한 것이 한두 번이 아니었다. 말 위의 융복은 그 제도가 본시 다른 것으로서 내가 입은 것은 일찍이 양원楊元의 옷을 본받은 것이다. 양원뿐만이 아니라 중국의 제도가 대부분 이와 같은데 이것이 과연 잡역雜役들만 입는 것이겠는가. 조신 중에 융의의 소매가 넓은 자는 모두 다스려야 할 것이다."

– 『선조실록』 선조 30년(1597) 9월 6일

선조(1552~1608)는 제위 기간 중 임진왜란을 겪으며 전쟁을 지휘하였고, 이후 전후 복구와 각종 개혁을 진행한 왕입니다.

임진왜란이 발발하고 파천을 할 때까지만 하여도 선조는 홍색 철릭으로 된 융복을 입었습니다. 그러나 전쟁을 겪고 1597년에는 명나라의 양원의 것을 본뜬 철릭이 아닌 '괘자'와 우립으로 된 새로운 융복을 입기 시작하였습니다.

이 '괘자'가 어떠한 복식을 말하는지는 확실하지 않으나, 후대의 예를 고려하면 소매가 없는 옷을 칭하는 것일 가능성이 높습니다. 윤탁연이 소장하였다 전하는 「선조 어진*」에서는, 정상이 평평한 갓과 직령에 사각형 용 흉배를 단 것을 확인할 수 있습니다. 사각형 용 흉배는 남이흥 장군에게 인조가 덮어 주었다는 답호 유물에서도 확인할 수 있는데, 그것이 선조가 입었던 괘자와 가깝지 않을까 싶습니다.

그림은 남이흥의 답호 유물과 「선조 어진」을 바탕으로 적절한 조합을 상상하여 그렸습니다. 상상의 여지가 많은 그림이니 참작하여 보시기 바랍니다.

괘자, 협수(추정)

우립

*임진란정신문화선양회, 제11차 성남 여주 원주 지역 후원회 탐방 "傳 宣祖 영정", 2023년 5월 10일 검색

영조의 융복

영조(1694~1776)는 즉위 때부터 경종 독살설과 이인좌의 난, 임오화변 등 다사다난한 생애를 보낸 왕이었습니다. 영조대에는 열무부터 헌괵례, 대사례 등 군사와 관계된 의례가 많이 있었으므로, 영조 또한 융복을 자주 입었을 것입니다.

『상방정례(1750)』에는 능행 시의 복장으로 영조의 융복이 기록되어 있는데, 마미두면 2부, 대홍운문필단용포(철릭), 초록운문필단더그레, 대홍유흉배 좌우견룡 포함 1부, 대홍광다회 1부, 남광다회 1부, 자적광다회 1부, 백양모 정을 갖춘 흑궤자피(고라니 가죽)화 1부, 벌월지우(깃털) 5쌍이 그것입니다. 친림하여 열무할 때의 복장, 북한산에 거둥할 때의 복장 또한 동일하였습니다.*

벌월지우

마미두면

대홍운문필단용포(철릭)

홍, 자적, 남 광다회

*김소현(2008), 상방정례로 보는 조선왕실의 복식구조
-착용사례를 중심으로-, 복식(服飾, JKSC) Vol.58, No.3

철종의 군복

상이 이르기를,
"(정조의) 어진을 우러러 보도록 하라."하니, 이유원 등이 앞으로 나아가 우러러 보았다. 이유원이 아뢰기를,
"정묘의 어용 소본小本은 신 등이 일찍이 본영의 유수로서 대봉심 때 우러러 뵈었는데, 성주 사순四旬 때 그린 것이라는 표제標題가 있습니다."하니, 상이 표제를 봉심하고 전교하기를,
"대본大本은 사순 이후의 것이다."하였다. 김병학이 아뢰기를,
"어진을 그릴 때 패영貝纓이 약간 커서 살빛을 바림[渲染]하는 데 크게 방해가 되었습니다."하고, 이유원이 아뢰기를,
"군복의 제도가 고금이 달라서 붉은 비단이 짧고 적으며 등편藤鞭이 작은 것을 거리껴하지 않았습니다."하니, 상이 이르기를,
"근래에는 붉은 비단이 과연 옛날의 제도와 같지 않아서 길이가 너무 길다."하였다. 이유원이 아뢰기를,
"옛날의 제도가 비록 지금과 다르나 사치한 풍습이 습관이 되지 않은 것이 없습니다."
- 『승정원일기』 고종 7년(1870) 3월 13일

철종(1831~1864)은 방계 왕족 출신의 왕으로 제위 기간이 길지 않고 세도 정치로 인해 별다른 권력을 휘두르지 못하였던 왕입니다.
철종의 초상화로 1861년 그려진 군복본 어진이 전하는데, 철종의 군복은 가슴과 좌우 어깨에 용보가 있으며 화려한 자수가 놓인 요대를 찼습니다. 전립은 면옥과 옥로가 있으며 공작우를 단 양전립입니다.

양전립

협수, 전복

요대와 전대

고종의 군복

조령을 내리기를,
"전선電線의 사무가 점차 확장되고 있는데 교사教師들이 성심으로 가르치고 있으니, 매우 가상하다. 뮤렌스테스彌綸斯; Mühlensteth에게 특별히 3품 옥훈장玉勳章을 주라."하였다.

- 『승정원일기』 고종 36년(1899) 11월 7일

고궁박물관에는 「고종황제와 순종 사진」이라는 제목의 사진이 한 점 소장되어 있습니다. 해당 사진에서 고종은 피켈하우베Pickelhaube 형태의 군모와 대원수 예복을 입었습니다.

군모는 전통적인 투구에서 사용되던 보주와 옥로가 정상에 서 있고, 측면에 용과 구름 장식, 전면에는 이화문 장식이 있어 전통적인 장식이 잘 반영된 생김새입니다. 군복은 11줄의 수장을 댄 늑골복 형식의 상의와 측장 가운데 금실로 자수를 한 하의인데, 1897년 육군복장규칙에 따른 복장으로 보입니다.

대원수 상의(예복)

하의

대원수 군모(예모)

대원수 식대

훈장조례에 따른
대훈위
금척대수장

훈장조례 이전의 훈장?

「고종황제와 순종 사진」에서 훈장은 1900년 4월 17일 제정된 훈장조례에 따른 훈장이 아닙니다.*
1899년 5월 10일 훈장 조규를 의논하라는 명령이 있었고, 표훈원이 동년 7월 4일 설치된 사실, 11월 7일 뮤렌스테스에게 '3품 옥훈장'이 하사된 사실을 볼 때, 표훈원의 전신인 기공국 등에서 만든 어떠한 훈장제도가 있었고, 고종이 그 훈장을 찼을 가능성도 있어 보입니다.

*김미래, 조우현(2018), 고종황제 사진에 나타난 훈장과 기념장 연구, 복식(服飾, JKSC) Vol.68, No.8, 101~112

옷자락 정리법

말군

말군은 본래 여성들이 승마를 할 때 옷이 걸리적 거리지 않도록 치마 위에 입던 바지입니다.

조선 후기 「안릉신영도(1785)」, 「동래부사접왜사도(19세기)」 등의 서화에는 철릭이나 군복 차림의 남성들도 말군을 착용한 것이 확인됩니다.

말군의 형태는 바지통이 넓은 개당고 형태지만, 뒤가 트여있어 말을 탈 때 편하도록 했습니다. 인천 석남동에서 조선 전기의 말군이 출토된 바 있고, 『악학궤범(1493)』과 『원행을묘정리의궤(1795)』 등의 사료에도 그 제도가 전합니다.*

철릭의 경우 군복과 달리 트여있지 않은 것이 대부분이라 옷자락을 묶어 정리하기에는 애로사항이 많습니다. 또한 여성들의 치마와 철릭이 유사하다 보니 철릭 차림의 무관이 먼저 말군을 입기 시작하여 그것이 조선 후기에 유행한 것이 아닐까 상상해 봅니다.

인천 석남동 출토 말군

---

*정미숙, 송미경(2007), 조선시대(朝鮮時代) 말군(袜裙)의 실물 제작법에 관한 연구, 복식(服飾, JKSC) Vol.57, No.7

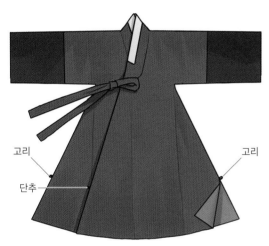

무관 군복의 옷자락 정리법

무관들의 군복에는 중앙 앞뒤 하단에 단추가 달린 것이 종종 있습니다. 그런 단추는 승마 시 옷자락을 정리하기 위해서 달린 것입니다.

조선 후기 각종 반차도를 보면 정강이에 끈을 묶은듯한 모습으로 승마한 무관의 모습을 자주 볼 수 있는데, 중앙 앞뒤 하단의 단추를 가운데에서 결합하면 그러한 모양이 됩니다.

김준근의 「선전관모양」과 같은 그림에서는 전복의 중앙 앞뒤 하단에 달린 단추를 좌우에서 결합하여 정리하는 모습을 볼 수 있습니다. 선전관모양에 나온 모양이 되려면 하단 끝자락에 단추가 달렸을 것입니다.

단추를 중앙에서 결합 　　단추를 좌우에서 결합

고리　　　　　　　　　　　　고리
단추

단국대학교 석주선기념박물관 소장
옷자락 정리용 단추가 달린 동다리(협수)

앞자락을 뒤쪽에서 묶음　　앞뒷자락을 양쪽에서 묶음

허리띠에 걸기　　　　끈으로 묶기

병사, 하인의 옷자락 정리법

조선시대 각종 잡일을 하는 하인과 군사들이 작업을 용이하게 하려면 옷자락을 정리해야 했습니다. 이들은 허리띠에 걸거나 옷자락을 묶는 등 다양한 방식으로 옷자락을 정리하였습니다.

먼저 앞자락을 뒤쪽에서 묶는 경우가 있습니다. 「안릉신영도(1785)」에서 보입니다.

다음으로 앞자락과 뒷자락을 묶는 경우가 있습니다. 이 역시 「안릉신영도」에서 보입니다.

다음으로 앞자락을 허리띠에 거는 경우가 있습니다. 발해의 정효공주 묘 벽화에서도 확인할 수 있는 유서 깊은 방식인데, 「기영회도(1584)」, 「담와 홍계희 평생도」의 하인에게서도 확인할 수 있습니다.

마지막으로 정강이에서 끈을 묶어 옷자락을 고정하는 경우가 있습니다. 각종 반차도의 승마한 군인에게서 보이는 양식인데, 승시에는 이러한 방식을 썼을 것이며, 쾰른박물관 소장 「준마도」의 마부의 경우 말에 가까운 왼쪽에는 끈을 묶고 반대쪽 자락은 허리띠에 거는 방식을 사용합니다.

마치며

처음 이 책을 시작할 때만 해도 '조선의 군사 복식을 처음부터 끝까지 모두 세세하게 담아내겠다'는 치기 어린 도전의식에 가득 차 있었습니다. 하지만 책을 마치며 드는 생각은, '역시 복식의 영역은 넓고도 깊다'는 것입니다.

200여 페이지를 달려오는 동안 정말 다양한 시기의 군사 복식들을 담았지만, 다 담을 수도 없을뿐더러, 제가 알지 못하고 있는 부분이 참으로 많다는 점을 통감했습니다. 『조선의 무비 - 군사복식편』은 이렇게 마무리하지만, 앞으로 더 깊은, 더 넓은 영역의 옛 복식들을 소개할 수 있는 기회가 있었으면 합니다.

『조선의 무비』 시리즈의 다음은 장비 편입니다. 태조 어궁구부터 그라스 소총까지, 대장군포에서 크루프 야포까지, 다양한 조선군의 장비들을 살펴볼 것입니다. 환도나 동개, 마구 등 군사 복식과 관련이 있지만 여기에 미처 담지 못한 내용도 함께 다룰 것이니 기대해 주세요! 더 좋은 책으로 돌아올 수 있도록 하겠습니다. 감사합니다.

참고문헌

사료

『조선왕조실록(朝鮮王朝實錄)』
『승정원일기(承政院日記)』
『일성록(日省錄)』
『비변사등록(備邊司謄錄)』
『악학궤범(樂學軌範)』
『고운당필기(古芸堂筆記)』
『청장관전서(靑莊館全書)』
『임하필기(林下筆記)』
『청강선생후청쇄어(淸江先生鯸鯖瑣語)』
『연려실기술(燃藜室記述)』
『속대전(續大典)』
『대전통편(大典通編)』
『갑진만록(甲辰漫錄)』
『다산시문집(茶山詩文集)』
『인조장렬왕후가례도감의궤(仁祖莊烈王后嘉禮都監儀軌)』
『숙종인현왕후가례도감의궤(肅宗仁顯王后嘉禮都監儀軌)』
『효순현빈예장도감의궤(孝純賢嬪禮葬都監儀軌)』
『영조정순왕후가례도감의궤(英祖貞純王后嘉禮都監儀軌)』
『원행을묘정리의궤(園幸乙卯整理儀軌)』
『무자진작의궤(戊子進爵儀軌)』
『기축진찬의궤(己丑進饌儀軌)』
『만기요람(萬機要覽)』

『서정일기(西征日記)』
『사료 고종시대사』, 국사편찬위원회
『天城艦報告朝鮮国ノ近況』,
　https://archive.history.go.kr/id/AJP041_02_00C0031_008
『국조오례의(國朝五禮儀)』
『경국대전(經國大典)』
『무비지(武備志)』
『융원필비(戎垣必備)』
『황조예기도식(皇朝禮器圖式)』
『어영청구식례(御營廳舊式例)』
『무위영각색군기완파구별성책(武衛營各色軍器完破區別成冊)』
『장용영고사(壯勇營故事)』
『근세조선정감(近世朝鮮政鑑)』
『무예도보통지(武藝圖譜通志)』
『고려사(高麗史)』
『어영청등록(御營廳謄錄)』
『한양가(漢陽歌)』
『병정타령(兵丁打令)』
『독립신문』
『수륙문답 주봉전』
『수사록(隨槎錄)』
『보인부신총수(寶印符信總數)』

단행본, 도록 및 보고서

장숙환(2014), 전통 남자 장신구, 대원사
이숙희(2007), 조선 후기 군영악대 취고수·세악수·내취, 태학사
초초혼(2022), 그림으로 보는 대한제국의 군복
원창애, 심영환, 유재성, 이왕무, 임재완, 장유승, 정해은, 최주희(2017), 역주 훈국등록 1, 한국학중앙연구원출판부
방우정, 김효동, 원재연, 이상식(2021), 국역 서정일기, 한국사료총서 번역서 23
김광순(2014), 수륙문답 주봉전 : 김광순 소장 필사본 고소설 100선, 박이정
이혜구(2000), 신역 악학궤범, 국립국악원
강신엽(2004), 조선의 무기 2, 봉명
풍석문화재단(2021), 임원경제지 섬용지 1~3, 임원경제연구소
국방군사연구소(1997), 한국의 군복식발달사 (1) 고대~독립운동기, 국방군사연구소
국방부 군사편찬연구소 군사사부(2011), 기효신서(紀效新書) (上), 국방부 군사편찬연구소
인천광역시립박물관(2005), 인천 석남동 회곽묘 출토복식, 인천광역시립박물관 학술총서 2
단국대학교 석주선기념박물관(2022), 다시 만나는 문화재, 화성 구포리 수성최씨 숙묘 출토복식, 2022 매장문화재 미정리 유물
　　보존 및 활용사업 보고서
국립민속박물관(2010), 이진숭 묘 출토복식, 유물보존총서 IV
부산박물관(2009), 조선전기 동래읍성 해자 출토 찰갑, 부산박물관 학술연구총서 제30집

경운박물관(2020), 조선의 군사복식, 구국의 얼을 담다
국립고궁박물관(2020), 왕실문화도감 '무구武具'
국립고궁박물관(2020), 조선 왕실 군사력의 상징, 군사의례
육군박물관(2012), 육군박물관 소장 군사복식
국립문화재연구원(1999), 프랑스 국립기메동양박물관 소장 한국문화재
국립문화재연구원(2002), 모스크바 국립동양박물관 소장 한국문화재
국립문화재연구원(2013), 독일 라이프치히그라시 민속박물관소장 한국문화재
국립문화재연구원(2017), 독일 함부르크민족학박물관 소장 한국문화재, 국외소재 한국문화재 조사보고서 제36권
숭실대학교 한국기독교박물관 학예과(2008), 기산 김준근 조선풍속도 스왈른 수집본, 숭실대학교 한국기독교박물관
서울역사박물관(2020), 운종가 입전 조선의 갓을 팔다.
국립중앙박물관(1994), 유길준과 개화의 꿈
단국대학교 석주선기념박물관(2020), 전통 신의 모양새와 짜임새

연구논문

김진경(2014), 출토 유물을 통해 본 조선시대 소모자와 망건, 서울여자대학교 대학원 석사학위논문
장숙환(2010), 조선시대 男子의 首飾연구(II) - 風簪과 貫子를 中心으로, 한국의상디자인학회지 Vol.12, No.2
정혜경(2012), 조선시대 남자 저고리류 구성 원리 고찰 , 한복문화제15권 1호
구남옥(2002), 조선시대 남자바지에 관한 연구 , 복식(服飾, JKSC) Vol.52, No.7 45~55
황진영(2019), 조선시대 분묘 출토 세가닥 바지 유형에 관한 연구 , 한국복식 제41호
박선영, 이경미(2020), 조선시대 출토 적삼의 특징에 관한 연구 , 복식(服飾, JKSC) Vol.70, No.1 46~58
안지원, 홍나영(2017) 토환(吐環)에 대한 연구, 복식(服飾, JKSC) Vol.67, No.5
이은주, 송미경(2012), 조선시대 사대부 묘역의 무인석상 복식에 대한 고찰, 한복문화 15-2
송미경(2009) 조선시대 답호연구, 복식(服飾, JKSC) Vol.59, No.10
안보연, 홍나영(2008), 우리나라 모피와 피혁 복식의 제작과정과 기술, 복식(服飾, JKSC) Vol.58 No.8, 63~73
박가영(2018), 조선 후기 전건(戰巾)의 착용과 제작, 한복문화 Vol.21, No.4, 69~82
김주영, 이지현, 박승원(2010), 청연군주묘(淸衍郡主墓) 출토복식(出土服飾)의 보존(II), 박물관보존과학 Vol.11, 17~30
박가영(2022), 친군영(親軍營)과 청나라 양식의 군복, 한복문화 Vol.25, No.4, 37~52
박가영(2008), 조선시대 갑주 유물의 감정을 위한 현황파악과 시대구분, 복식(服飾, JKSC) Vol.58, No.5, 166~177
박가영(2015), 왕릉 무석인상 복식 규명을 위한 중국과 한국의 포두(包肚)연구, 아시아민족조형학보 제16, 5~20
박가영, 이은주(2009), 서애 류성룡 갑옷의 형태 복원을 위한 기초조사, 복식(服飾, JKSC) Vol.59, No.5, 1~18
박가영(2003), 조선시대의 갑주, 서울대학교 대학원 박사학위논문
염정하(2014), 조선 후기 五軍營의軍事服飾에 관한 연구, 성균관대학교 대학원 박사학위논문
유선혜(2006), 李浣(1602~1674) 將軍 頭釘鐵甲 제작기법과 복원에 관한 연구, 용인대학교 예술대학원 석사학위논문
염정하, 조우현(2013), 조선 중·후기 訓鍊都監의 군사복식에 관한 연구, 복식(服飾, JKSC) Vol.63, No.8, 171~187
박가영, 송미경(2013), 조선 후기 면갑(綿甲) 유물 분석 -국립중앙박물관 소장 유물을 중심으로-,
    복식(服飾, JKSC) Vol.63, No.4, 158~167
박진호, 박지혜, 황진영(2021), 국립중앙박물관 소장 갑주(甲冑)의 보존처리와 구조적특징- 조선시대 중·후기 갑주를 중심으로-,
    박물관 보존과학 제26집
박가영(2019), 해외박물관 소장 조선 후기 면갑(綿甲) 유물 분석 - 메트로폴리탄박물관 소장 유물을 중심으로 -,
    복식(服飾, JKSC) Vol.69, No.4
박가영(2003), 조선시대의 갑주, 서울대학교 대학원 박사학위논문
염정하(2014), 조선 후기 五軍營의軍事服飾에 관한 연구, 성균관대학교 대학원 박사학위논문
유선혜(2006), 李浣(1602~1674)將軍 頭釘鐵甲 제작기법과 복원에 관한 연구, 용인대학교 예술대학원 석사학위논문

염정하, 조우현(2013), 조선 중·후기 訓鍊都監의 군사복식에 관한 연구, 복식(服飾, JKSC) Vol.63, No.8, 171~187
이민정, 박경자, 안인실(2019), 조선 후기 면제갑주(綿製甲冑) 문양에 대한 연구 I, 복식(服飾, JKSC) Vol.69, No.6
이민정, 박경자, 안인실(2019), 조선 후기 면제갑주(綿製甲冑) 문양에 대한 연구 II, 복식(服飾, JKSC) Vol.69, No.7
이은주(2011), 조선시대 품대의 구조와 세부 명칭에 관한 연구, 복식(服飾, JKSC) Vol.61, No.10
김신애, 장민정(2015), 조선시대 남자 포에 나타난 무의 형태변화에 관한 연구, 패션과 니트 제13권 제2호, 10~21
이은주(2005), 조선시대 백관의 時服과 常服 제도 변천, 복식(服飾, JKSC) Vol.55, No.6, 38~50
이은주(2008), 조선시대 무관의 길짐승흉배제도와 실제, 복식(服飾, JKSC) Vol.58, No.5, 102~117
박가영(2014), 조선시대 보예관복(步藝冠服) 망수의(蟒繡衣)의 실질적 운용, 한복문화 제17호 3, 161~173
박양희, 최연우(2020), 조선 후기 이후 갖옷에 관한 연구 –<단국대학교 석주선기념박물관> 소장 유물을 중심으로-,
   한국복식 제43호
이영민, 조우현(2014), 심수륜(沈秀崙)묘 출토 배자(背子)의 형태적 특징 고찰, 복식(服飾, JKSC) Vol.64, No.8, 55~66
김은정(2013), 조선시대 유삼(油衫)의 용례와 형태 재현에 관한 연구, 한복문화 제16권 1호, 39~50
박가영(2014), 조선시대 군사 유삼(油衫)의 종류와 운용 체계, 복식(服飾, JKSC) Vol.64, No.7, 143~155
이은주, 진덕순, 이정민(2018), 국립고궁박물관 소장 평정모(平頂帽)의 명칭 검토와 제작방법, 문화재 제51권 제2호, 4~21
구영미(2020), 「대한제국동가도(大韓帝國動駕圖)」에 나타난 조선 후기 동가 복식, 이화여자대학교 대학원 석사학위논문
배진희, 이은주(2018), <희경루방회도(喜慶樓榜會圖)> 속 인물들의 복식 고찰, 문화재 Vol.51, No.4, 44~65
박윤미, 임소연(2016), 조선 말기 나장복에 관한 연구, 『服飾』 제66권 1호
송정란(2022), 조선 후기 무예별감의 활동과 인식, 용봉인문논총 60집
설현지(2021), 17세기 전반 호패법 시행 과정 연구, 대구사학 144권, 175~212
이경희, 김영선(2023), 1795년 봉수당 진찬(奉壽堂進饌)으로 보는 조선 후기 채화(綵花) 고찰, 문화재 Vol.56, No.1
박가영(2013), 『국조오례의』에 나타난 군례 복식, 아시아 民族造形學報 第12輯, 82~101
김소현(2008), 상방정례로 보는 조선왕실의 복식구조 – 착용사례를 중심으로, 복식(服飾, JKSC) Vol.58, No.3
김미래, 조우현(2018), 고종황제 사진에 나타난 훈장과 기념장 연구, 복식(服飾, JKSC) Vol.68, No.8, 101~112
정미숙, 송미경(2007), 조선시대(朝鮮時代) 말군(襪裙)의 실물 제작법에 관한 연구, 복식(服飾, JKSC) Vol.57, No.7
이경희, 권영숙(2006), 우리나라 패식 향에 관한 연구, 한국의류산업학회지 제8권 제3호
김창규(2021), 국립중앙박물관 소장《訓鍊都監習陣圖》연구, 한국학중앙연구원 한국학대학원 석사학위논문

웹사이트

한국민족문화대백과사전 - https://encykorea.aks.ac.kr
한국민속대백과사전 - https://folkency.nfm.go.kr/main
한국고전번역원 - http://db.itkc.or.kr
조선왕조실록 - https://sillok.history.go.kr
조선시대 법령자료 - https://db.history.go.kr/law
장서각 기록유산 DB - https://jsg.aks.ac.kr/vj
대한민국 신문 아카이브 - https://nl.go.kr/newspaper
e뮤지엄 - http://www.emuseum.go.kr
문화유산 지식e음 - https://portal.nrich.go.kr/kor/index.do
국립고궁박물관 - https://www.gogung.go.kr/gogung/main/main.do
단국대학교 석주선기념박물관 - https://museum.dankook.ac.kr/web/museum
경기도박물관 - https://musenet.ggcf.kr
케 브랑리 박물관 - https://www.quaibranly.fr/fr
Google Arts & Culture - https://artsandculture.google.com